목회자가 꼭 알아야 할
설교 포인트
55 TIPS

Preaching Points: 55Tips For Improving Your Pulpit Ministry
ⓒ 2016 by Scott M. Gibson
Published by Lexham Press
1313 Commercial St., Bellingham, WA 98225, USA
All rights reserved.

This Korean Translation Edition ⓒ 2022 by Agape Publishing Co., Ltd.
Seoul, Republic of Korea

* 이 한국어판의 저작권은 (주)아가페출판사에 있습니다.

* 별도의 표기가 없는 성경구절은 개역개정 성경을 인용한 것입니다.

목회자가 꼭 알아야 할
설교 포인트
55 TIPS

스콧 M. 깁슨 엮음 | 해돈 W. 로빈슨 외 기고 | 김태곤 옮김

아가페

Contents

서문

01 큰 개념을 설교하라   013

02 성경에서 하나님의 말씀을 들으라   016

03 성경 본문에 잠기라   019

04 기독교적 의사소통은 성경적이며 현시대적이다   022

05 진리를 말하려면 도덕적 용기가 필요하다   026

06 학자적인 복음전도자와 복음전도자적인 학자가 필요하다   029

07 설교 준비는 20시간의 기도다   032

08 성경 본문의 분위기에 맞추라   036

09 메시지에 응답할 기회를 청중에게 제공하라   040

10 설교에 최우선순위를 두라   043

11 설교 준비 시간을 확보하라   046

12 원칙을 설교하라   050

13 자신이 먼저 마셔보라   053

14 설교 계획을 수정하라   055

15 피드백(feedback)만 하지 말고 피드포워드(feedforward)도 하라   059

16 지혜로운 리더는 운동을 생활화한다   062

17 성경이 당신을 붙들 때까지 성경을 붙들라   065

18 도입부로 메시지의 본론을 세우라   068

19 좋은 설교의 본질은 통일성, 순서 그리고 방향성이다   071

20 다양한 예화를 활용하라   075

21 결론에 초점을 맞추라   078

22 설교는 설교자에게만 국한된 것이 아니다   081

23 죽어가는 사람이 죽어가는 사람에게 하듯 설교하라   084

24 설교할 때 자신의 모습 그대로 하라   086

25 전투에 언어를 동원하라   088

26 자신을 더 잘 알수록,

      자신이 처한 상황에서 하나님을 더 잘 섬길 수 있다   090

27 기린 말고 양을 먹이라   093

28 바깥에 있는 이들에게 설교하라   096

29 설교는 간결할수록 좋다   101

30 ERP(관계가능성 평가) 요소를 기억하라   105

31 '여러분'보다 '우리'를 더 많이 설교하라   108

32 청중을 연구하라   112

33 종이는 열을 잘 전달하지 못한다   115

34 효율적인 설교자는 성경은 물론 교인을 해석한다   118

35 관찰력이 통찰력 있는 설교자를 만든다   122

36 성별언어를 고려하라   126

37 한 번에 한 사람에게 설교하라   130

38 사람을 즐겁게 하는 설교는 위험하다   134

39 '교회에 나왔으면' 하는 사람들에게 설교하라   138

40 청중을 파악하라   141

41 관용은 나약함이 아니다   144

42 돈에 대해 설교하라   148

43 거듭 상기시켜야 할 것이 있다   151

44 좋은 설교자는 쓰레기통을 잘 활용한다   154

45 한 번 잘못을 지적하려면 열 번 칭찬하라   157

46 2층 좌석으로 올라가보라   160

47 청중을 바로잡기 전에 먼저 칭찬하라   162

48 청중이 성경구절을 직접 찾게 하라   166

49 설교자는 영혼을 보살피는 사람이다   169

50 설교자는 문화를 조성할 수 있다   172

51 여호와를 힘입으라   176

52 현대 설교의 병폐는 인기 추구다   179

53 초빙 설교는 추측게임이 아니다   183

54 목사는 설교자고, 설교자는 목사다   185

55 좋은 리더인 장로들에게는 면류관이 기다리고 있다   188

서문
Prologue

이 책은 '개념 전달'(communicating idea)에 대한 내용이다. 설교자가 말하거나 글을 쓰거나 설교하는 것은 개념을 전하는 일이다. 설교자는 청중에게 명쾌하게 전할 책임이 있다. 만일 설교자에게 주어진 열한 번째 계명이 있다면, 그것은 '명쾌하게 하라!'일 것이다.

우리는 명쾌하게 설교하기 원한다. 설교하는 성경 본문의 개념을 명쾌하게 전하고 싶어한다. 그리고 청중이 개념을 잘 이해하고 자신의 삶에 적용하길 바란다.

본서는 고든콘웰신학교에 있는 해돈 W. 로빈슨 설교센터에서 제공한 수백 가지 설교 포인트 중 정선된 일부를 모은 것이다. 내용은 해돈 로빈슨, 제프리 아더스, 매튜 킴 그리고 패트리샤 바텐이 설교와 관련해 나눈 대화로, 매주

iTunes U에 팟캐스트로 제공되었다. 이 네 사람은 모두 고든콘웰신학교 사우스해밀턴 캠퍼스의 설교학 교수다.

우리는 설교에 대한 개념을 명쾌함이라는 원칙에 따라 독자에게 전하고자 한다. 팟캐스트 청취자들이 이 내용을 책으로 발간해 줄 것을 요청했기 때문이다. 본서는 그들의 요청에 답한 것이며, 우리는 이 책이 성경 본문의 개념을 명쾌하게 전달하려는 많은 설교자에게 도움이 되기를 바란다.

본서에서 다루는 설교 관련 주제는 다양하다. 설교자의 영적인 삶, 설교하는 방법, 설교자로서 살아가는 방식, 설교자의 역할, 청중에 대한 고려 등을 다룬다.

각각의 제목 바로 아래에는 글쓴이의 이름을 적어 놓았다. 해돈 로빈슨(Haddon W. Robinson), 제프리 아더스(Jeffrey D. Arthurs), 매튜 킴(Matthew D. Kim), 패트리샤 바텐(Patricia M. Batten), 스콧 M. 깁슨(Scott M. Gibson) 등이다. 이들은 모두 경험 많은 설교자이며 설교를 가르친다.

나는 이 책의 내용이 목회자들에게 유익을 주고, 그들의 삶과 설교에 잘 적용될 수 있을 거라 믿는다.

_ 스콧 M. 깁슨

Preaching Points

목회자가 꼭 알아야 할
설교 포인트 55

01

큰 개념을 설교하라

_ 해돈 W. 로빈슨

우리는 고든콘웰신학교에서 언급하는 큰 개념에 대해 말하고 있다. 큰 개념은 설교의 지배적인 개념이다. 이는 두 가지 질문과 관련 있다. 첫째, 성경 기자가 말하는 것은 무엇인가? 둘째, 기자는 이를 통해 무엇을 말하고자 하는가?

우리는 그것을 21세기 사람들에게 적용되는 개념으로 구체화하려 한다. 설교에서 이 개념(큰 개념)은 최종적으로 도달해야 할 결론이다. 설교에는 온갖 종류의 개념이 담겨 있다. 설교의 개요 면에서 생각해 보면, 설교는 A, B, C 등의 개념을 담고 있다. A 속에는 1과 2의 개념이 담겨 있다. 이 모든 개념이 합쳐져 설교의 '핵심 개념'으로 청중에게 전달된다.

이런 식으로 생각해 보자. 좋은 설교에서 핵심은 '큰 개념을 설교하는 것'이다. 이는 설교 내용을 최소화해야 한다는 말이 아니다. 머리말이 그 큰 개념으로 이끌기 시작하고, 보조자료(즉 A, B, C 등)가 그 개념을 뒷받침하며, 결론적으로 그 개념에 도달한다는 말이다.

사람은 개념을 통해 배운다. 일주일 전 당신 설교의 개요를 그대로 기억해낼 사람은 거의 없을 것이다. 당신의 일주일 전 설교를 배우자나 친구에게 기억해 보라고 한다면 어색한 상황이 전개될 수 있다. 그러나 만일 당신이 그 큰 개념을 이해시킬 수 있다면, 즉 그것이 어떤 성경 본문에 대한 내용인지, 오늘날의 삶에 어떻게 연관되는지를 알려주고, 관련 예화를 제시하고, 그 개념을 적용하며, 그 큰 개념을 '설교의 큰 개념'으로 삼는다면, 매우 효과적인 결과가 나타날 것이다.

사람들은 관련이 없는 것 같은 개념 전체를 한꺼번에 받아들이지 못한다. 그들은 자신의 삶을 컨트롤해 줄 개념이 필요하다. 성경은 개념을 담은 책이다. 성경에는 시와 기사와 비유 등이 담겨 있지만, 성경은 기본적으로 개념의 책이다. 이 모든 다양한 장르가 한 가지 큰 개념에 도달한다. 설교자는 본문 속에서 그 개념이 무엇인지, 그리고 그것이 청중에게 어떤 의미가 있는지 알아야 한다. 그 후에 그 개념을 그들의 마음에 새기고 그들의 삶에 적용시킨다. 좋은 설교의 큰 그림은 '큰 그림을 설교하는 것'이다. 설교자는 그것을 명심해야 한다.

02

성경에서 하나님의 말씀을 들으라

_ 패트리샤 M. 바텐

　설교 방법을 가르치는 것은 내 특권이다. 설교 방법을 배우는 이들에게 우선된 과제 중 하나는 성경 본문을 고르는 것이다. 나는 늘 학생들에게 "설교할 성경 본문을 어떻게 정하나요?" 하고 묻는다. 그러면 설교 사역을 하는 학생들은, 자신에게 맡겨진 설교 횟수만큼 성경 본문을 정한다거나, 청중의 요구에 따라 성경 본문을 정한다고 답한다. 우리는 설교 달력의 중요성에 대해 말한다. 학생들이 성경 본문을 어떻게 정하는지 나는 잘 모른다. 내 질문을 받은 한 학생의 대답이 주목할 만했다.

"성경 본문 자체가 설교를 제시해요."

설교할 수 있는 내용이어서 어떤 본문을 공부하는 것과, 하나님의 말씀을 듣기 위해 본문을 공부하는 것은 별개다. 설교하기 위해 성경 읽는 것을 경고하는 해돈 로빈슨의 말을 들은 적이 있다. 당신은 설교를 준비할 때 성경에 어떻게 접근하는가?

설교는 엄청난 작업이며 매주 해야 하는 일이다. 준비가 되든 안 되든 해야 한다. 당신에게는 다른 사역도 있다. 당신은 성경이 설교 도구라고 말할 수도 있다. 그러나 성경은 하나님의 말씀이기도 하다. 책임 있는 설교자는 성경이 하나님의 말씀임을 기억한다. 그것은 하나님의 계시다. 우리는 하나님의 말씀을 듣기 위해 성경을 읽는다.

매우 자주 우리는 '이 구절이 내게 어떤 도움을 주는가?' 하는 식의 생각으로 성경을 대한다. '이 구절을 사용하면 내가 재미있고, 식견이 있으며, 창의적으로 보일까?' 생각한다. 마치 레몬즙을 짜내듯 성경 구절에서 설교를 짜내려고 한다.

그러나 그렇게 만든 설교는 시큼한 음식과 같다. 매우 중요한 그 무엇이 빠졌다. 성경이 하나님의 말씀이라는 믿음이 빠진 것이다. 성경을 통해 하나님이 말씀하신다는 자각이 빠진 것이다.

  이번 주 설교를 준비할 때, 설교하기 위해 성경을 읽지는 말라. 하나님의 말씀을 듣기 위해 성경을 읽으라. 하나님의 말씀을 들을 때 당신은 설교할 수 있다. 참된 설교를 할 수 있다. 하나님의 말씀을 듣기 위해 성경을 읽으라!

03

성경 본문 속에 잠기라

_ 매튜 D. 킴

　　한번은 찰스 스펄전이 "성경 본문에 몰입하라"는 말로 설교자들을 독려했다. 그가 말하고자 한 것은 무엇일까? 말씀으로 목욕하듯 말씀에 푹 잠겨 설교를 준비하라는 뜻인가? 여러 면에서 그렇다. 하나님 말씀을 묵상하고 숙고하며 그 속에 몰입할 것을 그는 당부한다. 이 당부는 물속에 잠기듯 하나님 말씀에 잠긴 사람의 이미지를 떠올리게 한다. 말씀에 잠김으로써, 우리는 그 말씀에 씻겨 정결해지고 새로운 활력을 얻는다. 하나님 말씀은 새로운 빛 안에서 그 말씀을 볼 수 있도록 우리를 정결케 한다.

설교는 힘든 일이다. 하나님 말씀을 현 세계에 적용하기 위해, 우리는 성경 기록 당시의 역사적 문맥을 파악해 (존 스토트가 말했듯) '공백을 메우려고' 노력한다. 이것은 쉬운 일이 아니다.

우리의 설교 준비에 대해 솔직히 생각해 보면, 때로 우리는 오늘과 오늘의 세계에 지나치게 집중해, 성경 기록 당시에 일어난 일을 놓친다. 그러나 우리가 성경 본문에 잠길 때는 하나님 말씀이 다른 각도에서 다가온다. 우리는 말씀을 다양한 관점에서 읽을 수 있다. 본문을 어떻게 읽고 해석하는지에 따라 다양한 장르를 다양하게 이해할 수 있다.

존 스토트는 자신이 설교할 성경 본문을 거듭 읽었다고 한다. 의사를 기다리든, 버스로 이동하는 중이든, 어디에 있든 그는 성경을 꺼내 설교할 부분을 거듭해서 읽곤 했다. 그는 그 말씀을 묵상했을 것이다. 숙고했을 것이다. 하나님 말씀에 깊이 잠겼을 것이다.

설교를 준비할 때, 우리는 해석학보다는 설교학에 종종 몰두한다. 우리는 개요에 대해 생각하고, 이 진리를 어떻게 전할 것인지 생각한다. 그러나 이런 습관은 본문을 대충 읽게 한다. 본문 속에 깊이 잠기면 서두르지 않게 된다. 해당 본문을 통해 하나님이 우리에게 가르치고자 하시는 모든 것을 묵상하고 숙고하며 '들이마실' 수 있다. 설교는 다른 사람과 소통하는 것은 물론이고 자신과도 소통하는 것이다. 설교자도 하나님 말씀의 수령자다. 로빈슨의 정의가 시사하듯, 우리 자신이 먼저 하나님 말씀과 부딪혀야 한다. 말씀을 우리 자신에게 먼저 적용해야 한다. 성경 본문에 진정으로 잠길 때, 우리는 이 본문이 자신의 삶에 직접 말하는 것을 볼 수 있다.

이번 주 설교를 맡았다면 이 주간을 어떻게 보낼지 계획하라. 당신은 설교 준비에 얼마나 많은 시간을 할애하는가? 특히 본문 해석에 얼마나 할애하는가? 성경 본문에 대한 역사적 문법적 문학적 연구를 거치는가? 설교를 준비할 때 이 세 가지를 기초로 삼는가? 아니면 분주한 삶 때문에 본문을 해석하고 그것을 자신에게 적용할 시간을 갖지 못한 채, 그 진리를 어떻게 전할지에 대해서만 줄곧 생각하는가? 속도를 늦출 필요가 있다. 그리고 찰스 스펄전의 독려를 기억하라. "성경 본문 속에 잠기라!"

04

기독교적 의사소통은 성경적이며 현시대적이다

_ 해돈 W. 로빈슨

얼마 전 나는 설교나 성경봉독 같은 예배인도 책임을 맡지 않은 채 몇몇 친구들과 함께 교회에 갔다. 그들은 '가끔' 교회에 나간다. 이들 중 하나가 자신과 아내는 교회의 찬양을 좋아하지 않는다고 말했다. 언제나 "오 베들레헴 작은 골"이나 "무덤에 머물러" 같은 오래된 똑같은 찬송만 부른다는 것이다. 그들은 정규적으로 교회에 출석하지는 않지만, 그 주일에는 나와 함께 갔다.

담임목사는 출타 중이었다. 어느 신학교 교수인 초빙설교자가 설교했다. 베드로전서 1장에 대한 설교였는데, 그 설교자는 헬라어 원문에 대한 설명도 덧붙였다. 설교자는 헬라어 원문의 중요성을 강조했다. 설교가 끝나고 집에 오는데 교인들의 말이 들렸다. 칭찬인 것 같았으나 목사에게는 모욕적인 말이었다. "그의 옷이 맘에 들어. … 그는 정말 지적이며 배운 사람이야."

그 설교는 베드로전서 1장에만 갇혀 있었다. 그것은 오래전 먼 곳에 대한 내용이었고, 21세기와는 전혀 무관했다. 좋은 설교는 성경 본문에 충실하고 성경적이다. 성경 말씀을 설교하지 않는다면 설교할 것이 전혀 없다. 정치학에 대해서는 더 잘 설교할 사람이 많다. 심리학에 대해서는 텔레비전에 나오는 사람이 더 잘 설교한다. 그러나 우리는 성경 말씀을 설교한다. 성경 설교의 위험성이 있다면, 그것은 오래전 멀리 떨어진 곳에 대한 내용이라는 것이다. 사람들은 설교를 듣고, 애굽으로 내려간 아브라함을 정죄하거나 하나님에게서 달아났던 요나에게 실망할 뿐이다. 우리는 청중석에 앉은 사람들의 현실에 다가가지 않는다.

좋은 설교는 긴장을 수반한다. 성경 말씀에 대한 긴장을 수반하며, 청중의 현실과 관련한 긴장도 수반한다. 때로 나는, 우리가 성경을 가르치는 것이 아니라고 말한다. 우리는 '사람들에게' 성경을 가르친다. 사람들이 성경 본문을 이해하도록 돕는 것이 중요하지만, 설교의 임무는 그것으로 끝나지 않는다. 설교는 성경 본문이 어떻게 그들과 연관되는지 이해하도록 돕는 것이다. 우리는 이 두 가지 모두에 관심을 가져야 한다.

강해설교자들은 종종 '이 설교의 목적이 무엇인가?' 하는 물음을 생각하지 않는다. 만일 당신이 "로마서 5장에 대해 설교하는 이유가 무엇인가요?" 하고 묻는다면, 어떤 설교자는 "지난주에 로마서 4장을 다루었기 때문입니다. 다음 주에는 로마서 6장을 다룰 겁니다." 하고 대답할 것이다. 해당 본문이 오늘날 사람들에게 왜 중요한지 드러내어 그 본문과 현대 세계를 연결하기 전까지는(예컨대, 그 본문이 그들의 일터에서나 가정에서 그들의 생각 속에 어떻게 작용하는지를 알려주기 전까지는), 우리는 제 역할을 하지 않은 셈이다.

따라서 우리는 사람들에게 성경에 대해 설교하는 것이 아니다. 우리는 성경을 근간으로 '청중에 관해' 설교하는 것이다. 이는 두 가지 긴장이 있음을 뜻한다. 성경 본문에 대한 긴장과 설교에 귀 기울이는 이들에 대한 긴장이다. 좋은 설교자는 성경 진리와 현시대를 연관짓는 균형에 매우 유의한다. 기독교적 의사소통의 기술이 성경적이며 현시대적인 것도 바로 이 때문이다.

05

진리를 말하려면
도덕적 용기가 필요하다

_ 해돈 W. 로빈슨

나는 거의 50년 동안 설교를 가르쳤다. 정말 오랜 기간이다. 그 과정에서 많은 변화를 보았지만, 오늘날 기독교 청중을 이끄는 이에게 가장 필요한 것 중 하나는 도덕적 용기인 것 같다. 나는 미식축구에서 태클당하는 위험을 무릅쓰거나, 교회에서 힘들게 하는 어떤 사람에게 맞서는 용기에 관해 말하는 것이 아니다. 적대적인 사람을 때려눕히는 람보식 용기에 관해 말하는 것이다. 나는 '도덕적'(moral) 용기에 관해 말하고 있다. 힘 있게 진리를 말할 수 있는, 진리를 굳이 듣고 싶어하지 않는 이들에게 진리를 말할 수 있는 용기를 말하는 것이다. 구약 시대의 선지자들에게는 도덕적 용기가 있었다. 진리를 듣고 싶어하지 않는 이들에게, 혹은 진리를 말한다는 이유로 벌을 내릴 수 있는 이들에게 진리를 말하는 용기 말이다.

도덕적 용기는 어디서 오는가? 그것은 청중이 어떤 사람인지 파악하는 데서부터 온다. 내가 일리노이대학에서 졸업논문을 쓰고 있을 때, 한 교수님이 아마추어와 프로의 차이에 관해 자주 하던 말이 생각난다. 예컨대, 아마추어 강연자는 무엇에 관해 말할 것인지를 가장 먼저 생각하는 반면, 프로 강연자는 자신의 청중이 누구인지를 맨 먼저 생각한다고 했다.

성경은 주님이 설교자를 통해 말씀하신다고 말한다. 주님은 성경을 통해 설교자에게 말씀을 주신다. 설교자는 그 말씀을 지니고 있을 때 하나님을 향한 신실함으로 말할 수 있다. 설교자의 궁극적 과제가 하나님을 기쁘시게 하는 것이며 그분께 영광 돌리는 설교를 하는 것임을 자각할 때, 설교자는 오직 그런 식으로 말할 도덕적 용기를 갖게 된다.

설교자인 우리는 우리가 소중히 여기는 가치관과 우리의

기본적 메시지에 적대적인 사회에 직면한다. 그리고 그런 사회에 길들여진 사람들과 만난다. 따라서 오늘날 설교를 잘하려면 도덕적 용기가 필요하다. 우리의 청중이 누구인지 파악할 때 도덕적 용기를 지닐 수 있다.

설교자인 우리는 하나님의 청중에게 말한다. 하나님이 듣고 계신다. 우리는 하나님을 기쁘시게 하는 말을 해야 한다. 사람들에게 진리를 말하려면 도덕적 용기가 필요하다.

06

학자적인 복음전도자와 복음전도자적인 학자가 필요하다

_ 해돈 W. 로빈슨

      1704년에 두 사람이 태어난다. 그중 하나가 매사추세츠의 학식 있는 목사 조나단 에드워즈다. 예일 대학교에서 그의 설교를 모아 출간했다. 조나단 에드워즈는 미국이 낳은 3대 지성인 중 하나로 평가받는다. 1741년에 그는 "노하신 하나님의 손에 있는 죄인들"(Sinners in the Hands of an Angry God)이라는 제목으로 설교한다. 그것은 조나단 에드워즈 같은 사람이 하기에는 이상한 설교였다. 그러나 열정적으로 설교했고, 사람들은 이에 반응을 보였다. 뉴잉글랜드에서 큰 움직임이 일어났다. 역사가들은 그것을 대각성이라 부른다. 조나단 에드워즈는 복음전도자의 마음을 지닌 학자였다.

존 웨슬리도 1704년에 태어났다. 그는 복음전도자였다. 감리교 운동이 그의 설교에서 비롯되었다. 그러나 웨슬리는 학자이기도 했다. 매주 수천 마일 말을 타고 다니며, 헬라어 신약성경을 편집했다. 존 웨슬리는 복음전도자였으나 학자이기도 했다.

이 두 사람이 위대한 진리의 모델이라는 점이 인상적이다. 우리는 학자적인 복음전도자와 복음전도자적인 학자가 필요하다. 안타깝게도 전할 것이 별로 없어 보이는 복음전도자들이 많다. 그들은 내용이 부실한 이야기를 거듭 전한다. 대중적이지만 무익한 설교다. 좋은 복음전도자는 성경을 진지하게 받아들이고 연구하며 이해한 사람이다. 목사와 리더로서, 우리는 복음의 메시지를 그리고 복음을 전할 때 그것에 가해지는 공격을 분명히 이해해야 한다. 우리는 학자적인 복음전도자가 필요하다.

또 우리는 복음전도적자인 학자가 필요하다. 성경을 진지하게 받아들이며, 그것을 읽는 법(어떤 부분은 히브리어로 또 어떤 부분은 헬라어로 읽는 법)을 아는 사람이 필요하다. 책을 사랑하는 사람이 필요하다. 잃어버린 자들을 향해 열정 있는 사람이 필요하다. 물론 신학교에 그런 사람이 더러 있다. 그들은 학자들이 참석하는 큰 회의에 참석하기도 한다. 그런가 하면 예수 그리스도를 사랑하는 마음이 있다. 비그리스도인들을 만나면 효과적으로 복음을 전할 수 있다. 내 친구 중에도 그런 사람이 있다. 학계에 영향을 미치는 구약학자다. 비행기 안에서나 카페에서 사람들 만나는 모습을 여러 차례 보았다. 그는 대화를 시작한 지 오래지 않아 복음을 전한다. 오늘날 그런 사람이 필요하지 않은가?

내가 호소하고자 하는 것은 간단하다. 만일 당신에게 복음전도 은사가 있다면 공부를 중단하지 말라. 만일 당신에게 학자적인 능력이 있다면 복음전도를 멈추지 말라. 우리는 학자적인 복음전도자와 복음전도자적인 학자가 필요하다.

07

설교 준비는 20시간의 기도다

_ 매튜 D. 킴

      이것은 우리 모두 알고 있는 사항이다. 우리는 이것을 고려해 왔다. 그러나 실행하기 힘든 경우가 종종 있다. 일리노이 주 휘튼에 있는 칼리지교회에서 약 27년간 목회한 R. 켄트 휴즈 목사가 설교에 대해 언급하면서 "설교 준비는 20시간의 기도"라는 말을 한 적이 있다. 20시간이 무엇을 뜻할까? 사역할 것이 즐비한 상황에서 20시간 동안 기도할 수 있을까?

  휴즈의 말은 설교 준비에서 기도가 매우 중요함을 뜻한다. 기도는 필수다. 우리가 기도해야 하는 이유는 영적 전투중이기 때문이다. 설교단에 올라서면서, 우리는 자신이 하고 있는 일이 여느 강연자가 하는 일과 다름을 자각한다. 우리는 하나님 말씀을 전한다. 그러나 대적은 그것을 원치 않는다. 대적은 우리에게 능력이 없기를 원한다. 우리가 설교를 통해 하나님의 권능을 드러내지 않기를 원한다.

우리의 설교는 기도에 푹 잠긴 것이어야 한다. 어떻게 하면 그럴 수 있을까? 본문을 고를 때부터 그 일은 시작된다. 목회 사역 중에 '교인들이 들어야 하는 것은 무엇일까?' 생각하던 때가 있다. 그럴 때 나는 성경을 읽거나 설교할 본문을 찾곤 한다. 그러나 20시간의 기도로 설교를 준비하는 태도는, 설교에 대해 생각할 때 곧바로 기도부터 하게 한다. 하나님의 인도를 구하는 것이다. "하나님, 이 본문에서 제가 무엇을 배우기 원하십니까? 제가 어떤 본문을 설교해야 하나요?"라고 우리는 여쭙는다. 엄정한 주해 과정에서 그리고 저자의 의도를 파악하는 과정에서 우리는 계속 기도한다. 저자의 의도를 이해하도록 성령께 간구하는 것도 기도다. 특정 본문이 성경 시대의 사람들에게 어떤 의미로 이해되었으며, 오늘날 우리에게는 무슨 의미인가? 설교 원고를 작성하면서도 우리는 줄곧 기도한다. 우리는 하나님 말씀이 청중 가운데서 살아 역사하는 방식으로 설교할 수 있도록 기도로 준비한다.

이 방법 중 하나가 교인 명부를 가지고 기도하는 것이다. 교인들의 힘든 싸움과 결핍 사항에 대해 기도하라. 이 순간 교인 가족이 겪고 있는 어려움은 무엇인가? 실직한 사람에게 이 특정 본문을 어떻게 이해시켜야 할까? 이런 것을 고려하다 보면 설교를 준비하는 속도가 느려진다. 그러나 설교 준비를 서둘러 끝내지 않는다. 설교를 준비하는 모든 과정마다 기도하는 마음으로 임한다.

몇 년 전 일을 나는 생생하게 기억한다. 어느 교회의 목회자로 지원한 때였다. 그 교회에서 사역하는 목사들 중 한 명이 나를 바라보았다. 그냥 본 것이 아니라 위아래를 슬쩍 훑어보았고, 나는 기분이 좋지 않았다. 그가 물었다. "매일 몇 시간 동안 기도하나요?" 나는 속으로 생각했다. '몇 시간? 몇 분 동안은 하지.' 그러나 그가 실제로 물은 것은 "주님과 깊은 관계를 유지하나요?"였다.

D. L. 무디는 "무릎을 가장 많이 꿇는 사람이 가장 잘 서

있는 사람"이라고 말했다. R. 켄트 휴즈의 지혜로운 독려도 바로 그런 뜻이다. 설교 준비는 20시간의 기도다!

08

성경 본문의 분위기에 맞추라

_ 매튜 D. 킴

    빌립보서 1장 3-4절에서 사도 바울은 "내가 너희를 생각할 때마다 나의 하나님께 감사하며 간구할 때마다 너희 무리를 위하여 기쁨으로 항상 간구함은"이라고 말한다. 이 본문은 독려하는 분위기, 사랑의 분위기, 지원하는 분위기다. 우리가 설교할 때 본문을 전하는 분위기가 본문 내용의 어조와 부합하지 않는 경우가 있다. 우리의 설교는 본문의 분위기에 부합해야 한다.

  위에서 인용한 바울의 빌립보서가 한 예다. 시편 134편을 살펴보자. 이 시편은 성전에 올라가는 노래다. 사람들이 여호와와 함께하기 위해 그리고 서로 함께하기 위해 성전 언덕으로 올라가면서 불렀던 찬양의 노래다. "보라 밤에 여호와의 성전에 서 있는 여호와의 모든 종들아 여호와를 송축하라 성소를 향하여 너희 손을 들고 여호와를 송축하라 천지를 지으신 여호와께서 시온에서 네게 복을 주실지어다." 이 시편의 어조에 주목하라. 환희에 찬 어조다. 찬양의 어조다. 기쁨의 어조다. 우리는 본문의 분위기에 맞춰야 한다.

갈라디아서 1장 6-7절을 보자. 이 본문은 엄하게 질책하는 내용이다. 갈라디아교회에 바울은 "그리스도의 은혜로 너희를 부르신 이를 이같이 속히 떠나 다른 복음을 따르는 것을 내가 이상하게 여기노라 다른 복음은 없나니 다만 어떤 사람들이 너희를 교란하여 그리스도의 복음을 변하게 하려 함이라"고 쓴다. 여기서 우리는 실망을 본다. 분노일 수도 있다. 예수 그리스도의 복음을 저버린 갈라디아인들에게 엄한 경고로 의분을 표한 것이다.

우리는 때로 특정 본문을 설교할 것을 생각하면서, 그 본문의 분위기를 생각하지 않는다. 바울이 여러 서신을 쓸 때 어떤 마음이었을까? 다윗이 애가를 쓸 때 어떤 기분이었을까? 복음서 기자들이 예수님의 생애와 사역을 회고할 때 어떤 마음이었을까? 그들의 기분이 어땠을까? 그들의 마음가짐은 어땠을까? 그들이 사람들에게 알리기 위해 기록할 때 어떤 기분이었을까? 즐거웠을까? 당혹스러웠을까? 귀찮았을까? 우리는 설교를 준비할 때 이런 물음과 씨름할 필요가 있다.

내가 다닌 대학에 톰이라는 교목이 있었다. 나는 톰을 매우 좋아했다. 톰의 매주 설교는 질책하는 어조였다. 그는 줄곧 고함을 질렀다. 설교 내용이 즐겁고 격려하는 것이든 질책하며 바로잡는 것이든 상관없었다. 언제나 같은 분위기, 고함치는 분위기였다. 성경 본문과 어울리지 않는 설교를 들을 때면, 우리는 머리를 긁적이기 시작했다. 우리는 생각했다. '정말 하나님이 줄곧 나에 대해 저렇게 느끼실까? 정말 하나님은 내가 저렇게 살기를 원하실까? 정말 하나님이 화를 내면서 격려하실까? 정말 하나님이 격려하면서 화를 내실까?' 우리가 본문의 분위기에 맞지 않은 어조나 표정으로 말하면 청중을 혼란스럽게 할 수 있다.

서재에 앉아 기도하며 성경 본문을 읽을 때, 우리는 그것을 이해하고 본문의 요점을 파악하기 위해 애쓴다. 그런데 우리가 잊을 수 있는 것 중 하나가 본문의 분위기에 대해 생각하는 것이다. 오는 주일의 설교를 준비하기 위해 서재에 앉을 때, 본문의 분위기를 파악하도록 노력해 보라. 설교 분위기를 본문에 맞추고 설교단에서 그 분위기를 따르도록 하라. 그렇게 본문의 분위기에 맞추라.

09

메시지에 응답할 기회를
청중에게 제공하라

_ 스콧 M. 깁슨

설교할 때 우리는 청중에게 깊은 인상을 남기고 싶어한다. 그것이 우리의 목표다. 그러나 깊은 인상을 남기는 이는 우리가 아니다. 궁극적으로 하나님이 하시는 일이다. 그래도 설교의 결론에 대해 생각할 때, 설교를 마무리할 때, 우리는 청중에게 그 메시지에 반응할 기회를 주어야 한다. 그러려면 어떻게 해야 할까?

일단 우리가 결론을 내렸다면, 청중이 그 메시지에 반응하도록 어떻게 도울 수 있을까? 많은 교회에서 설교 직후에 결단의 찬송을 부른다. 그 시간에 청중은 자신의 의자에 앉아 기도할 수 있다.

기도 시간을 제공하는 것도 한 방법이다. 설교 자체에 대해, 그 설교의 주제와 목적에 대해 청중과 함께 기도할 수 있다. 우리가 재차 설교하는 식으로 이 시간을 인도하는 것이 아니다. (예컨대 "놀라우신 주께 감사드립시다" "은혜로우신 하나님께 감사드립시다" 같은 내용이 아니다.) 청중 스스로 설교의 목적을 떠올리게 하는 것이다.

청중이 설교를 되새기며 반응을 보이는 침묵의 기도 시간도 있다. 여기서 목사는 침묵의 시간에 기도제목을 청중에게 제시할 수 있다. 이 기도도 설교 내용에 반응하는 유형이며, 이를 위해 목사나 예배 팀이 설교의 목표를 요약해 줄 수 있다.

기도 외에도 다양한 종류의 음악이 설교의 목적을 위해 사용될 수 있다. 메시지와 조화를 이루는 내용의 성가대 찬양이나 앙상블일 수 있다. 청중이 설교 메시지에 반응할 수 있도록 도와주는 독창이나 플루트나 바이올린 연주일 수도 있다. 찬송가나 예배 음악이 설교의 의도를 반영할 수도 있다.

기도, 음악 그리고 죄 고백 시간을 활용할 수도 있다. 목사나 예배 리더가 인도하는 시간이다. 청중은 주보나 스크린에 제시된 내용에 따라 자신의 삶을 하나님 말씀에 비추어보면서 죄를 고백할 수 있다. 청중이 설교 메시지를 자신에게 어떻게 적용할지 적게 하거나, 다른 어떤 행동(메시지의 의도를 생각하면서 그 내용을 메모하거나, 편지를 쓰거나, 주위 사람들과 대화하는 것 같은 행동)을 취할 시간을 갖게 할 수도 있다.

그 방식이 어떠하든 설교의 목표는, 설교 내용이 청중에게 적용되고 그들에게 깊은 인상을 남기는 것이다. 설교를 결론짓고자 할 때, 그리고 설교 후에 일어날 일을 생각할 때, 우리는 설교 메시지에 반응할 기회를 청중에게 제공해야 한다.

10

설교에 최우선순위를 두라
_ 해돈 W. 로빈슨

만일 하나님이 지역교회의 리더 역할을 당신에게 맡기셨다면, 당신은 자신의 우선순위가 무엇인지 물어야 한다. 당신이 첫 번째, 두 번째, 세 번째로 해야 할 일은 무엇인가?

많은 사람이 이 물음을 중요하게 여기지만, 이 물음에 잘 대답하지는 못한다. 교회의 목사가 되려면 요구사항이 많다. 설교자, 상담자, 당회원, 복음전도자 등이 되어야 한다. 감당할 수 있는 것 이상의 더 많은 일이 기다린다. 목사는 설교에 우선순위를 두는 것이 지혜로울 것이다. 설교가 전부는 아니지만, 효과적인 사역에 있어 가장 중요하다.

사람들은 매주 한 번 이상 교회에 모여 설교를 듣는다. 그들은 다른 모임에서도 목사를 만나지만, 설교는 목사의 주된 사역이다. 강력한 설교단이 목사의 다른 사역에 영향을 미친다. 사실 강력한 설교단은 다른 사역을 처리하는 데 도움이 된다. 예컨대, 만일 교인 중에 힘든 상황에 처한 이가 있다면 목사에게 개인적인 상담을 요청할 수 있다. 그러나 자신의 힘든 상황에 대처할 수 있는 방법을 목사의 설교 중에 성경 말씀에서 찾을 수도 있다. 목사는 설교를 통해 교회의 비전을 제시할 수 있다. 다른 어떤 상황에서도 할 수 없는 방식으로, 설교단에서 그 일을 행할 기회를 얻는다.

그 점을 인식하라. 우리가 모든 영역에 관여할 수는 없다. 사역의 핵심을 정해야 한다. 만일 설교 이외의 무엇을 핵심으로 삼고 설교를 뒤로 미룬다면 어려움을 겪게 될 것이다. 여러 해에 걸쳐 나는 목사 청빙 문제를 의뢰하는 약 500교회를 만났다. "어떤 목사님을 원하시나요?" 하고 묻자, 두 교회를 제외하고 모두 '유능한 설교자'를 원한다고 대답했다. 사실, 그 두 교회 중 한 교회는 전임 목사보다 더 나은 리더를 원했지만, 두 번째 선택사항은 설교였다. 그 교회도 목사를 생각하면 가장 먼저 '설교자'를 떠올릴 것이다.

설교하지 않는 설교자는 마치 초침이 멈춘 시계와 같다. 시계로 불리지만 시간을 알리는 때는 하루에 두 번뿐이다. 사역의 핵심이 잘못되었고, 꼭 해야 할 일을 하지 않는 것이다. 당신의 사역을 위해 그리고 청중을 위해 설교에 최우선 순위를 두라.

11

설교 준비 시간을 확보하라

_ 매튜 D. 킴

임종을 앞둔 교인의 병실을 방문한 적이 있는가? 당신은 숨을 거두기 직전인 교인의 손을 잡고 있다. 당신은 지역 초등학교의 학부모회에 참석 중일 수도 있다. 아니면 시내에 쇼핑몰이 들어오는 걸 반대하는 여러 사람의 목소리를 듣고 있을지도 모른다. 어쩌면 자녀를 위해 스포츠 행사에 참석 중일 수도 있다. 당신은 관중석에서 아이를 응원한다. 이 같은 분주한 현장에서, 당신은 '주일 설교를 어떻게 하지?' 생각한다. 우리의 시간을 빼앗는 일은 무척이나 많다. 목회 사역에는 많은 도전이 존재한다. 우리는 가족과 함께 있고 싶지만 교인들과도 함께 있기 원한다. 또 신실하고 성경적인 설교를 준비하고 싶어한다.

우리는 설교 준비 시간을 확보해야 한다. 그러나 쉽지 않은 일이다. 맡은 책임이 너무 많기 때문이다. 내가 콜로라도에서 목회할 때는 일정이 무척이나 많았다. 우리는 시간을 어떻게 배분해야 할까? 우리가 일정에 넣지 않은 일들이 있다. 장례식에 참석하거나 장로들의 모임이 너무 오래 지속되는 경우다. 때로는 찰스 험멜이 말하는 것처럼, '긴급한 일의 횡포'에 시달릴 수도 있다. 우리의 도움이 필요한 누군가에게 급히 이메일을 보내야 하기도 하고, 자녀가 아파 마음에 압박감을 느낄 수도 있다. 우리의 일정을 압박하는 순간은 매우 많다. 그러다 쉽게 놓치고 마는 것 한 가지가 설교 준비다. 하루 중 우리에게 필요한 시간을 충분히 확보하기가 매우 힘들다.

대각성 시기의 유명한 설교자 조나단 에드워즈는 집에서 설교를 준비할 때 서 있었다고 한다. 그는 들판에서 이마에 땀을 흘리며 일하는 교인들을 내다보곤 했다. 그 교인들은 지역사회를 풍요롭게 하기 위해 밭을 갈며 수확을 준비했다. 그래서 그도 밖을 내다보며 설교를 준비한 것이다. 그는 설교를 준비하면서, 밭에서 열심히 일하는 교인들을 보았다. 교인들도 하나님 말씀에 마음을 쏟는 그의 모습을 볼 수 있었다. 목사와 교인이 모두 하나님의 일을 하고 있었다.

그는 하루 종일 연구에 몰두했고, 매일 하나님이 말씀을 그에게 쏟아부으시듯, 그도 자신의 삶을 하나님 말씀에 쏟아부었다. 조나단과 교인들의 모습 속에는 아름다운 그 무엇이 있었다. 목사는 교인들을 위해 부지런히 일하고, 교인들은 지역사회와 하나님나라를 위해 부지런히 일한다. 목사는 게으름을 경계해야 한다. 그리고 설교를 뒷전으로 미루도록 압박하는 다른 활동을 경계해야 한다.

당신은 언제 설교를 준비하는가? 어느 때든 할 수 있을 것이다. 매일 아침 세 시간을 따로 떼어놓거나, 아침과 오후를 번갈아 활용할 수도 있다. 어쩌면 저녁시간이 일정을 잡기에 더 좋을 것이다. 일정이 언제가 되든, 설교 준비를 위한 시간을 확보하라. 그것은 쉬운 일이 아니다. 긴급한 일에 휩쓸릴 수도 있다. 그러나 설교 준비가 건강한 리듬으로 일정 가운데 자리 잡게 되면, 우리 자신과 교인들은 영적으로 풍성해질 것이다. 그리고 궁극적으로는 하나님의 영광을 높일 것이다. 그러므로 설교 시간을 확보하라.

12

원칙을 설교하라

_ 패트리샤 M. 바텐

구체적인 것들을 원칙에 묶으라. 그렇지 않으면 당신은 '안 돼 안 돼 설교자'가 되기 쉽다.

우리 집에는 남자아이가 셋 있다. 막내는 두 살로, 나를 '안 돼 안 돼 엄마'라 부른다. 그런 호칭을 들을 만한 일이 있었다. 얼마 전, 아이들이 밖에서 놀고 있었다. 방에서 나가는 아이들에게 내가 말했다. "사이좋게 놀아라." 이것은 원칙이다.

잠시 후 잭이 샘을 밀쳤다. "손으로 밀면 안 돼." 나는 부드럽게 타일렀다. 몇 분이 지났다. 샘이 울면서 내게 와 말했다. "잭이 막대기로 나를 찔렀어요."

"잭, 왜 그래?" 그러자 잭이 풀죽은 얼굴로 말했다. "나는 막대기로 찔렀는데?"

"내가 뭐라고 했니?" 하고 내가 물었다. 똑똑한 잭이 대답했다. "엄마가 손으로 밀지 말라고 해서 내가 막대기를 썼단 말이에요."

"막대기도 안 돼!" 나는 호통을 쳤다. 몇 분이 지나서 샘이 소리쳤다. "잭이 장대로 때렸어요."

"장대도 안 돼!" 나는 큰 소리로 나무랐다.

뒤뜰에 보니 무기로 쓸 만한 것들이 가득했다. 모든 게 '안 돼'였다. 나는 일일이 짚어가며 소리쳤다. "어떤 종류의 막대기도 안 돼. 장대도 안 돼. 긴 튜브도 안 돼. 야구방망이도 안 돼. 플라스틱이든, 나무든, 알루미늄이든 모두 안 돼. 삽도 안 돼. 갈퀴도 안 돼. 호스도 안 돼!" 목록은 계속 이어졌고, 나는 '안 돼 안 돼 엄마'였다.

나는 '안 돼 안 돼 엄마'이고 싶지 않다. 나는 원칙을 이야기하고 싶지만, 아이들은 구체적인 행동을 취한다. 나는 삶에서나 설교에서 원칙과 구체적인 것의 조화를 위해 노력한다.

원칙은 '사이좋게 놀아라'다. 그러나 뒤뜰에서 아이들이 놀 때는 원칙이 사라졌고, 나는 '안 돼 안 돼 엄마'가 되었다. 우리가 모든 것을 포괄할 만한 규칙을 제시할 수는 없다. 아이들은 규칙과 원칙 간의 연관성을 알 필요가 있다.

때로 우리는 '안 돼 안 돼 설교자'일 수 있다. '하라'와 '하지 말라'의 목록을 길게 늘어놓는다. 그것은 준수해야 할 규칙이다. 그러나 그 규칙이 원칙에서 떨어져 나가면, 우리는 율법주의에 빠져든다.

구체적인 것을 제시할 때는 그것을 원칙에 묶어야 한다. "막대기로 동생을 괴롭히지 말거라. '사이좋게 놀아라.'" 구체적인 것을 원칙에 묶으라. 이것은 간단한 일 같지만, 원칙을 잊을 때 우리는 '안 돼 안 돼 설교자'가 된다. 원칙을 설교하라.

13

자신이 먼저 마셔보라
_ 제프리 D. 아더스

《리더십》이라는 잡지에 기고한 글에서, 리에클로프는 힐러리 코프로우스키라는 연구원 이야기를 들려준다. 코프로우스키는 1940년대 소아마비백신 연구의 리더였다. 그와 그의 팀은 동물 실험에 성공했고, 다음 단계는 과학적 탐구의 불문율을 수반했다. 경구용 백신을 다른 사람에게 실험하기 전, 연구원 자신이 먼저 시험해 보는 것이다. 1948년 어느 겨울 오후, 그와 그의 조수는 소아마비백신을 작은 유리컵 물에 풀어서 마셨다. 한 방울도 남기지 않고 모두 마셨다. 대구 간유(cod-liver oil) 맛이었다.

"한 잔 더 할까요?" 조수가 말했다. "그만하는 게 좋겠네요. 난 운전해야 해요." 코프로우스키가 대답했다.

리 에클로프는 설교자라면 누구나 그와 같은 용감한 과정을 거쳐야 한다고 말한다. 우리 자신이 마시기 전까지는 '거룩한 백신'을 다른 이들에게 건넬 권리가 없다.

설교자로서 우리는 '자신이 먼저 마셔야' 한다. 다른 사람들에게 설교하기 전에 자신에게 설교하라. "다른 사람들에게 추천하는 삶을 나는 살고 있는가?" 자문해 보라. '신뢰성'이 우리 문화의 가장 중요한 요소 중 하나다. 수사학의 세 요소인 에토스(신뢰), 파토스(감성), 로고스(논리) 중에서, 아리스토텔레스는 에토스를 가장 중요한 것으로 꼽았다. 당신의 성품과 신뢰성과 경험과 신실함이(당신의 에토스가) 가장 설득력 있는 도구다. 그러므로 설교를 준비할 때는 자신이 먼저 마셔보라.

14

설교 계획을 수정하라
_ 스콧 M. 깁슨

"설교 계획을 수정하라"는 말은 최선의 방안처럼 들리지 않을 수 있다. 그러나 솔로몬은 "범사에 기한이 있고 천하만사가 다 때가 있나니 날 때가 있고 죽을 때가 있으며 심을 때가 있고 심은 것을 뽑을 때가 있으며"(전 3:1-2)라고 말한다. 그렇다면 설교자로서 우리는 예기치 않은 상황이 우리 교회에 닥칠 때를 대비할 필요가 있다. 교인을 예수 그리스도 안에서 성장시키는 것이 중요한 일이므로, 우리는 계획을 세우고 그것을 추진하려고 애쓴다. 다음 주, 다음 달, 다음 해 그리고 여러 해가 지난 후, 우리는 그들의 영적 성장을 보기 원하다. 그것은 근사한 일이며, 우리가 원하는 바다. 그러나 우리의 계획에 차질이 생기는 경우가 있다. 우리 자신이나 교회에 문제가 생길 수 있다.

9.11사태, 일본의 쓰나미, 뉴올리언스의 카트리나, 국제 항공기 추락 사고 등을 생각해 보라. 그런 일이 교회에 어떤 영향을 미치는가? 그런 사건이 청중의 사고에 영향을 미치고 그들의 믿음을 뒤흔들 수 있다. 설교자로서 우리는 이러한 곤경에 잘 대처해야 한다. 위기는 부드럽게 노크하며 오지 않는다. 거칠게 문을 밀치고 들이닥친다. 따라서 설교자로서 우리는 이런 문제(예를 들면, 교통사고, 교회에서 열심히 섬기던 교인의 죽음, 교회에 닥치는 온갖 종류의 위기)를 간과하기를 원치 않는다.

뉴욕 시 출신의 한 친구가 9.11 테러가 있던 주간의 주일에 보스턴의 한 지역교회 예배에 참석했다. 예배시간 내내 목사나 다른 예배인도자들이 뉴욕 시에서 일어난 참사를 언급하지 않았다고 한다. 기도에서도 설교에서도 언급하지 않았다. 이것은 변명할 수 없는 잘못이다. 해돈 로빈슨은 "우리가 설교를 제대로 하면, 하나님 말씀이 사람들의 냉정한 마음에 불꽃을 일으킨다"고 말했다. 특정한 위기상황은 사람들이 하나님 말씀의 능력을 보게 하는 좋은 기회다. 따라서 우리는 설교나 설교 계획을 수정하는 융통성이 필요하다. 이런 태도는 사람들로 하여금 주변 세상을 신학적으로나 성경적으로 잘 이해하도록 도울 것이다.

어떻게 하면 그럴 수 있을까? 위기에 대처할 계획을 세우려면 어떻게 해야 할까? 나는 1-2-3 단계 접근법을 갖고 있다. 첫 단계는 이미 계획한 것을 언제든 바꿀 수 있는 마음을 갖는 것이다. 그다음에는 무슨 일이 일어나고 있는지를 자각하는 것이다. 때때로 우리는 설교자로서 자신의 생각에 갇혀 있다. 청중의 삶과는 무관한 자신의 세계에서 살아간다. 그러나 교인을 보살피는 목사로서, 우리는 교인들이 처한 곤경을 알고, 다양한 위기상황에 대한 그들의 반응을 인식해야 한다. 그 위기란 시장 붕괴 같은 재정적인 것이거나, 9.11 테러 같은 것일 수도 있고, 어린아이가 차에 치이는 것 같은 비극적인 죽음일 수도 있다. 이런 비극은 교회에 엄청난 영향을 미치며 교인들의 마음속에 온갖 종류의 의문을 일으킨다. 교인들이 신학적 성경적으로 생각하도록 돕고, 이런 비극에 기독교적인 방식으로 대처하도록 돕는 것이 우리의 임무다.

따라서 설교 계획을 변경하고자 할 때, 우리는 기도하는 마음으로 융통성 있고 신중해야 한다. 그래야 우리가 보살피는 교인들에게 목회자의 사랑으로 다가갈 수 있다. 우리는 그들의 형편을 알아야 한다. 우리의 도움이 가장 필요할 때와 장소를 우리는 알 필요가 있다. 설교 계획을 수정해야 할 경우가 있음을 잊지 말라.

15

피드백(feedback)만 하지 말고 피드포워드(feedforward)도 하라

_ 제프리 D. 아더스

      설교를 향상시키려면 피드백만 하지 말고 '피드포워드'도 하라. 이는 설교하기 '전'에 정보를 구하는 것을 뜻한다. 피드포워드의 세 가지 방법을 살펴보자.

첫째, 당신은 청중을 분석하기 위한 방편으로 어느 사회 집단에 가입할 수 있다. 예를 들면, 지역 도서관이나 대학교의 독서그룹 일원이 될 수 있다. 존 스토트는 여러 해 동안 그렇게 했다. 그의 목적은 좋은 책을 읽는 것은 물론이고, 피드포워드를 하기 위함이었다. 책에 대해 토론하는 사람들의 말을 들으면서 지역민들의 마음과 생각을 파악했다. 그

독서그룹 회원 중에는 그리스도인도 있고 비그리스도인도 있었다. 스토트는 기독교 신학과 기독교 세계관과 기독교 생활양식에 대한 사람들의 이해 수준이나 공감 수준을 측정하는 데 그 경험을 활용했다. 테니스나 달리기 동호회, 뜨개질 모임 또는 대화를 도모하는 여러 사회집단에 가입할 수도 있다. 그런 모임에 참석하여 굳이 질문을 퍼붓거나 이모저모를 살필 필요는 없다. 단지 듣기만 하면 된다.

피드포워드를 하는 또 다른 방법은, 소그룹에서 당신의 설교 본문에 대해 토론하는 것이다. 친교 그룹에서 하면 좋을 것이다. "내가 이렇게 말해야 할까요?" "이 예화가 적절한가요?" 같은 질문을 하며 그들의 정보를 구하라. 거기서 얻은 자료가 적절한지 미리 추측할 필요는 없다. 설교단에 서기 전 그 적절성의 여부를 알 수 있을 것이다.

세 번째 접근법은 설교계획 팀을 활용하는 것이다. 이것은 즉석모임이기보다는 고정적인 모임이다. 성도, 장로, 목회자 등으로 구성할 수 있다. 우리 교회의 설교계획 팀에서는 내게 여러 예화를 보내주고, 나를 위해 기도하며, 내 설교 준비에 적극적으로 협조한다. 당신이 메시지를 작성하는 일에 협력하는 이들은 당신의 설교에 더욱 귀 기울일 것이다.

바로 시도하라! 피드백만 하지 말고 피드포워드도 하라.

16

지혜로운 리더는 운동을 생활화한다

_ 해돈 W. 로빈슨

당신은 운동하고 있는가? 요즘 TV나 라디오에서 운동의 중요성을 많이 강조한다. 나도 목사들에게 이 점을 강조하고 싶다. 나는 여러 해에 걸쳐 운동이 얼마나 중요한지를 배웠다.

성경에는 운동에 대한 내용이 별로 없다. 고대 세계의 사람들은 운동을 많이 했기 때문일 것이다. 그때는 버스가 없었다. 도서관에 가고 싶을 때 타고 갈 승용차도 없었다. 그들은 걷고 또 걸었다. 삶 자체가 운동으로 가득했다. 그러나 오늘날에는 그렇지 않다. 승용차를 타고 어디든 갈 수 있으며 대중교통도 쉽게 이용한다. 따라서 운동을 일정에 포함시키는 것이 중요하다.

가능하면 헬스장에 다니는 게 좋다. 당신이 즐길 만한 운동을 정기적으로 하는 것을 권한다. 거기에는 많은 유익이 있다. 첫째, 체중조절에 도움이 된다. 운동과 다이어트는 리더에게 중요한 일이다. 둘째, 긴장해소에 도움이 된다. 우리는 모두 긴장 속에서 살아간다. 목회 사역을 하다보면 긴장이 쌓인다. 러닝머신을 이용하거나 야외에서 오래 걸으면 긴장이 완화된다. 매일 운동할 수 있는 방법을 찾아보라.

아내와 나는 아침마다 운동한다. 함께하는 운동이다. 둘의 관계를 돈독하게 하는 데도 큰 도움이 된다. 우리는 인근 헬스장에 가서 일립티컬머신(팔과 다리를 동시에 움직이는 기구로 러닝머신, 자전거, 스텝퍼를 합쳐놓은 듯한 운동기구)을 이용한다. 아침에 일어나 그 운동을 하고 싶은 생각이 드는 날은 없다. 그러나 운동하고 나서 헬스장에 간 것을 후회한 적도 없다.

내 운동 방식이 대단한 예는 아니지만, 우리 모두 자신의 프로그램 속에 운동을 포함시켜야 한다. 육체 운동이 전부는 아니나 매우 중요하다. 따라서 지혜로운 리더는 운동을 생활화한다.

17

성경이 당신을 붙들 때까지 성경을 붙들라

_ 스콧 M. 깁슨

"성경이 당신을 붙들 때까지 성경을 붙들라." 무디성경학교 교장이던 윌 하우턴의 말이다. 나는 윌 하우턴이 섬긴 교회에서 우연히 그의 뒤를 잇게 되었다. 그는 1918년부터 1920년까지 그 교회에서 목회했다. 당시 그는 어린 아들 둘을 둔 홀아비였다. 그는 복음전도자였고 그 교회에는 목사가 없었다. 그래서 교인들이 그를 목사로 초빙했는데, 나중에 반주자와 사랑에 빠졌다. 반주자는 읍내 최고 부자의 딸이었다. 2년간 사역한 후, 하우턴은 그 작은 도시를 떠나 뉴욕 시에 있는 갈보리침례교회의 목사가 되었다. 그 후에는 시카고로 이주하여 무디성경학교 교장으로 섬겼다.

하우턴은 다른 여느 목사들처럼 하나님 말씀에 몰두했다. "그리스도의 말씀이 너희 속에 풍성히 거하여 모든 지혜로 피차 가르치며 권면하고 시와 찬송과 신령한 노래를 부르며 감사하는 마음으로 하나님을 찬양하고"라는 골로새서 3장 16절 말씀을 곰곰이 되새겼다. 설교자들은 그리스도의 말씀이 자신 안에 풍성히 거하게 해야 한다. 설교를 준비할 때, 그리스도의 말씀이 당신 안에 풍성히 거하게 하라. 성경이 당신을 붙들 때까지 성경을 붙들라.

말씀을 연구하고 이해하고 분석하며 설교 준비를 하면서, 우리는 그 말씀이 우리 속에 풍성히 거하고 우리를 변화시키며 우리에게 적용되도록 해야 한다. 해돈 로빈슨은 이르기를, 강해설교를 위해서는 말씀을 역사적 문법적 문학적으로 연구해야 하며, 그것을 설교하기 전에 그 내용이 설교자의 삶과 생각에 먼저 영향을 미쳐야 한다고 했다. 성경이 당신을 붙들 때까지 성경을 붙들라.

급하게 설교를 준비하다 보면, 그리스도의 말씀이 우리

속에 풍성히 거하게 하는 것을 종종 잊는다. 우리가 설교하는 본문은 청중에게 전해질 뿐 아니라, 우리 자신의 삶을 다스리는 역할도 한다. 그렇다. 윌 하우턴이 옳았다. "윌 하우턴이 여기 있을 때는 예배드리는 사람이 많았어요. 성가대 인원도 많았지요." 그 작은 교회에서 목회하는 동안 나는 이 말을 자주 들었다. 그러나 내가 윌 하우턴을 생각할 때 기억나는 것은, 나 같은 풋내기 젊은 목사를 위해 그가 강조했던 말이다. "성경이 당신을 붙들 때까지 성경을 붙들라."

청중을 위한 설교를 준비할 때, 그리스도의 말씀이 우리 속에 풍성히 거하여 우리 삶도 변화되기를 나는 바란다. 분명 당신도 윌 하우턴의 말에 동의할 것이다. 성경이 당신을 붙들 때까지 성경을 붙들라!

18

도입부로 메시지의 본론을 세우라

_ 해돈 W. 로빈슨

지금까지 살아오면서 나는 설교를 천 번 이상 들은 것 같다. 그중 다수가 설교학을 배우는 목회자들의 풋내기 설교였지만, 설교 경험이 많은 이들의 설교도 있었다. 어떤 설교는 명료했지만, 그렇지 않은 설교도 있었다. "이번 주일에 저는 혼란스러운 설교를 하려고 합니다. 청중을 잊어버린 채 나를 심오하게 보이려고 노력하겠습니다." 이렇게 설교를 시작하는 사람은 없을 것이다. 대부분의 설교자는 명쾌하게 설교하고 싶어한다. 그렇다면 명쾌함을 높이기 위해 우리는 어떻게 해야 할까?

나는 매우 명확하지만 종종 간과되는 것 한 가지에 초점을 맞추고자 한다. 좋은 도입부는 관심을 끌고 핵심을 드러내며 '메시지의 본론'으로 이끈다. 그 자체로서 좋은 도입부는 없다. 특정한 메시지의 좋은 도입부가 있을 뿐이다. 놀랍게도 우리는 도입부와 뒤따르는 내용 사이에 연결점이 있음을 청중이 알아차렸는지 확신하지 못한 상태에서 메시지의 본론으로 곧장 들어가는 경우가 종종 있다. 설교의 도입부를 통해 듣는 사람의 관심을 능숙하게 끈 다음, 그것을 본론과 연결시키지 않은 채 곧바로 본론으로 들어가는 학생을 나는 많이 보았다. 연결이 생략된 것이다.

우리의 도입부가 메시지 본론과 어떻게 연결되는지 청중이 알 거라고 생각하는 건 바람직하지 않다. 이 둘을 연결해 주어야 한다. 적어도 메시지의 주제, 즉 정확히 무엇을 말할 것인지를 제시하는 시간이 있어야 한다. "오늘 저는 돈에 대해 이야기하려 합니다" 같은 애매한 방식이 아니라, "저는 왜 우리가 헌금해야 하는지 혹은 우리의 돈을 어떻게 다루어야 하는지에 대해 이야기하려 합니다"처럼 구체적으로 말해야 한다. 도입부에서 핵심 주제를 간략히 언급하는 것이 좋다. 그런 다음 메시지의 본론으로 들어가, 주요 개념이나 여러 개념을 순서대로 자세히 다룰 수 있다.

    매주 설교를 명쾌하게 하고 싶은가? 그러면 적어도 도입부가 메시지 본론과 어떻게 연결되는지 자문해 보라. 그것을 찾아냈다면 청중에게 말하라. 그것을 비밀로 감춰두지 말라. 명쾌하게 설교하기 위한 한 가지 방법은, 도입부로 메시지의 본론을 세우는 것이다. 그렇게 하려면 생각을 깊이 해야 한다. 노력이 필요하다. 그러나 그렇게 한다면, 당신의 설교는 한층 명쾌해질 것이다. 이것은 지혜로운 조언이다. 도입부로 메시지의 본론을 세우라!

19

좋은 설교의 본질은 통일성, 순서 그리고 방향성이다

_ 해돈 W. 로빈슨

때로 사람들이 설교에 대해 생각할 때, 여러 가지 규칙을 생각한다. 예컨대, 도입부를 구성하는 세 가지 요소나, 좋은 개요를 짜는 방법 또는 예화는 한 주제에 하나씩만 사용해야 한다는 것 등이다. 이런 규칙이 '좋은 설교의 본질이 무엇인가?' 하는 기본적인 물음에 답해 주지는 않는다. 이 규칙은 본질에 닿아 있다.

여러 해 동안 설교를 가르쳐온 나로서는, 좋은 설교의 본질은 통일성과 순서와 방향성이라고 생각한다. 많은 규칙이 당신을 그 본질로 이끌지만, 통일성과 순서와 방향성을 구비한 설교를 하고 있다면 당신은 그 규칙을 잊어도 된다.

통일성이란 여러 가지가 함께 연결되고 조화를 이루는 것이다. 모든 위대한 예술 작품은 통일성을 지닌다. 모든 위대한 음악도 통일성을 지닌다. 모든 연극도 통일성을 지닌다. 각 장(scene)과 막(act)이 서로 연결된다. 여러 개가 하나로 합해진다. 동전의 앞뒤 면이 통일성을 지니는 것과 같다.

설교도 통일성을 지닌다. 전체를 동시에 하나로 볼 수 있는 그림과 달리, 설교의 통일성은 시간의 경과에 따라 전해진다. 설교는 대체로 11시 25분에 시작해 11시 50분에 끝난다. 우리는 한 번에 한 토막씩 설교 내용을 전개한다. 그리고 그것이 하나의 심포니를 이룬다. 한 대목씩 따로 들리지만, 전체 심포니의 통일성을 느끼게 한다. 또 그것은 연극과 같다. 당신은 한 번에 모든 내용을 파악할 수 없다. 당신은 설교하기 전에 통일성이라는 관점으로 설교를 보아야 한다. 전체를 보아야 한다. 그런 다음 각 부분을 따로 살핀다. 좋은 설교는 통일성을 지닌다.

또 좋은 설교에는 순서가 있다. 이는 설교가 시간의 추이에 따라 그 통일성을 전하는 것이기 때문이다. 설교자는 청중이 필요로 하는 때에 그들이 필요로 하는 부분을 전달해야 한다. 지금 전하는 것이 방금 전에 전한 것과 연결됨을 청중에게 보여주어야 한다. 청중은 그 순서를 스스로 생각하지 못한다. 그들은 앉아서 설교자의 말을 듣는다. 만일 '이것이 어떻게 연결되는가? 이것이 앞의 말과 어떻게 어울리는가?' 생각하기 시작한다면, 그들은 설교자의 말을 잊어버린다. 설교자가 그들에게 알려주어야 한다. 설교자가 앞뒤를 연결시켜야 한다. 설교자가 메시지의 순서를 그들에게 알려주어야 한다. 따라서 순서는 시간의 추이에 따라 통일성을 제공하는 한 방법이다. 좋은 설교에는 순서가 있다.

그리고 좋은 설교는 전개되어 간다. 어떤 곳을 향해 나아간다. 결론 없는 메시지를 들고 설교단에 서서는 안 된다. 좋은 설교는 어떤 목적지로 향하며, 심지어 도입부에서 이미 그것을 감지할 수 있게 한다. 어떤 설교자는 이것저것을 전하려고 애쓰다가 12시가 가까워지자 서둘러 끝낸다.

내 아버지는 그리 까다로운 사람이 아니었다. 아버지는 설교를 많이 들었고 이따금 말했다. "좋았어. 근데 정류장이 다섯 군데 있었는데, 그는 한 군데도 들르지 않았어." 좋은 설교는 굳이 다섯 정거장을 거치지 않는다. 한 지점을 향해 나아가는 것이다. 20분간 설교하든 35분간 설교하든, 일관된 목적지에 도달해서 끝내야 한다. 그 목적지를 회중이 알 수 있어야 한다.

좋은 설교의 본질은 통일성과 순서와 방향성이다. 모든 규칙은 이 세 가지와 연결되어 있다. 이 세 가지에 충실한 설교자가 훌륭한 소통자다.

20

다양한 예화를 활용하라

_ 매튜 D. 킴

한때 내가 다닌 교회의 목사는 교인들을 사랑으로 보살폈다. 모두 그 점을 인정했고 느꼈다. 그러나 여러 해 동안 그의 설교를 듣다보니, 그의 예화가 주로 다른 사람의 말을 인용하는 것임을 확실히 알게 되었다. 자신이 좋아하는 설교자와 유명한 목사와 다른 저명한 사람들의 말을 길게 인용하곤 했다. 이런 인용이 그의 예화 자료의 원천이었다. 다른 예화는 거의 사용하지 않았다.

인용이 잘못된 건 아니다. 인용은 특정한 순간에 빛을 발할 수 있다. 정확한 말이 그대로 인용되어야 한다. 그런데 예화는 다양한 자료를 활용할 수 있다. 예화를 다양화하는 것이 좋다.

예화의 기능은 세 가지다. 해돈 로빈슨이 『강해설교』(*Biblical Preaching*, 기독교문서선교회)에서 설명하듯, 예화는 설명하거나 입증하거나 적용하는 기능을 한다. 어떤 개념은 설명해 줄 필요가 있다. 그때 우리는 성경 본문을 설명해 주는 예화를 사용한다. 청중을 설득해야 할 때도 있다. 성경에 나오는 개념이나 사건이 실제로 일어난 것임을 입증하고, 그 정확성을 확인해야 한다. 이처럼 설득하거나 입증하기 위해 삶의 이야기를 전해 줄 수 있다. 마지막으로 우리는 본문을 적용하길 원한다. 청중이 배운 것을 정확히 실천에 옮기도록 돕는 것이다. 그러기 위해 우리는 개념을 적용할 수 있는 예화를 삶에서 찾아낸다.

그러면 어디서 예화를 얻을까? 다양한 자료에서 얻을 수 있다. 자신의 개인적인 사례를 생각해 볼 수 있다. 간선도로를 달리는데 어떤 차량이 갑자기 끼어든 순간을 생각해 보라. 욕하고 싶었지만 참았던 사실을 청중에게 들려주라. 화가 나거나 낙심되는 순간에 자제했던 사례를 들려주라. 잠자리에서 자녀에게 들려주는 이야기를 생각해 볼 수도 있다. 자신이 전하고자 하는 내용을 예로 들기에 이야기는 매우 적합한 방법이다. 영화 장면도 활용할 수 있다. 때로는 영화의 한 장면이 설교에서 나누고자 하는 내용을 잘 전달해 준다. 우리는 가상의 상황을 생각해낼 수 있다. 신문을 읽거나 사람들의 상호작용을 관찰함으로써 그런 상황을 만들어 낼 수 있다. 통계자료나 소설에서도 예화를 얻을 수 있다.

간단히 말해, 창의력을 발휘하면 어디서든 예화를 얻을 수 있다. 한 가지 형태에만 의존하지 말고 예화를 다양화하라. 본문을 설명하고 입증하며 적용할 때, 당신의 논점을 예시할 수 있는 창의적인 방법을 찾으라. 예화를 다양화하라.

21

결론에 초점을 맞추라

_ 해돈 W. 로빈슨

얼마 전 한 연구에 참여하게 되었다. 나는 그 과정에서 설교자 수백 명에게 물었다. "설교할 때 가장 어려운 부분, 잘하지 못한다고 생각하는 부분이 무엇인가요?" "결론이요. 결론내리는 걸 잘 못하겠어요." 이 대답이 많았다. 고든콘웰신학교에서 목회학 박사 과정을 가르치면서, 나는 목사인 학생들에게 물었다. "설교에서 자신이 가장 약하다고 생각하는 부분은 무엇인가요?" 그러면 대부분 결론이라고 답한다. 나는 왜 결론 부분이 약한지 곰곰이 생각해 보았다. 결론은 우리가 강조해야 하는 것 중 하나다.

커뮤니케이션에는 수위(primacy)의 법칙과 최신(recency)의 법칙이 있다. 수위의 법칙은, 설교에서 우리가 '처음' 하는 말이 가장 중요하다고 말한다. 즉, 사람들은 처음 듣는 것을 가장 많이 기억한다는 것이다. 그래서 좋은 설교를 하려면 도입부가 중요하다.

반면, 최신의 법칙은 '마지막'으로 들은 말, 가장 최근에 들은 말을 사람들이 잘 기억한다고 말한다. 이 연구가 타당하다면(나는 그렇다고 생각한다), 최신의 법칙은 '결론에 공을 들이라'고 말하는 법칙이다. 우리는 이 점을 알고 있다. 그럼에도 그렇게 하지 못하는 이유는, 도입부에 공을 들이고 설교를 진행해 나가다가, 말미에 가서 마무리되지 않거나 엉뚱한 생각이 들어(예컨대, 쓰레기를 비우라고 했던 아내의 말이 생각나거나, 서재에서 누군가가 기다리고 있다는 생각이 들어) 우물우물하다가 처음으로 다시 돌아가기 때문이다.

나는 비행기가 보스턴 로건공항 위를 도는 것 같은 설교를 들은 적이 더러 있다(나 자신도 그런 설교를 했다). 상상해 보라. 비행기가 착륙하려고 들어온다. 그러다가 착륙하기 전에 다시 떠오른다. 주위를 선회하다가 하강하며, 거의 활

주로로 내려앉았다가 다시 떠오른다. 나는 그런 설교를 많이 들었다. 지혜로운 설교자는 핵심 개념이 무엇이고 설교의 목적이 무엇인지 숙지하고 결론을 미리 준비한다. 그렇게 하는 건 힘든 일이다. 그러나 그것은 착륙할 공항을 확실히 정하는 것처럼 중요하다. 설교의 목적지가 분명하면 메시지를 전개하는 데도 도움이 된다.

설교를 힘 있게 진행하지만, 마무리 부분을 약하게 끝내는 경우가 많다. 당신은 그러길 원치 않을 것이다. 최신의 법칙은 결론에 정성을 들이라고 말한다. 결론은 설교하는 이유이며, 청중으로 하여금 들은 메시지를 실천에 옮기게 한다. 청중의 마음속에 깊이 새겨지는 것이다.

설교자가 하려는 일이 바로 그것이 아닌가? 성경의 진리를 사람들의 마음속에 각인시키라. 그러면 그 진리를 삶에 적용할 것이다. 그렇다. 결론에 초점을 맞추어야 한다.

22

설교는 설교자에게만 국한된 것이 아니다

_ 스콧 M. 깁슨

설교는 설교자에게만 국한된 것이 아니다. 대부분의 설교자에게, 설교가 자신의 연구나 경험이나 의사소통 방식이나 심지어 설교를 듣는 회중에게 달린 것도 아니라는 사실은 좋은 소식이다. 설교는 하나님에 관한 것이다. 모두 하나님에 대한 내용이다. 우리가 행하는 모든 일, 우리가 지닌 모든 것, 우리가 시도하는 모든 일은 하나님에 대한 것이다. 설교 행위 자체가 예배 행위다. 예배하고 설교하며 하나님의 백성에게 하나님 말씀을 전할 때, 우리는 우리에게 맡겨진 일(예컨대, 성경 본문을 공부하고, 기도하고,

청중의 상황을 이해하고, 간명한 설교를 준비하며, 하나님 말씀을 청중에게 전하는 일)을 모두 행하는 것이며, 그 후에는 나머지를 하나님께 맡긴다. 예배 행위로서 하나님께 맡긴다. 설교는 설교자에게만 국한된 것이 아니다. 이것은 정말 좋은 소식이다.

우리가 전하는 것을 사람들이 듣고 있지 않다는 생각이 들어 고심하는 경우가 많지만, 몇 주나 몇 년이 지나 우리가 한 말이 누군가의 영적 성장에 격려와 통찰을 제공했음을 알게 되는 경우가 있다. 이는 그 모든 것이 우리에게만 달려 있지 않기 때문이다. 또 설교자인 우리는 하나님께 받은 은사에 따라 우리가 해야 하는 의무를 포기하지 않는다. 모든 은사를 주시는 분은 하나님이다. 하나님의 말씀을 주시는 분도 하나님이다. 하나님의 일을 하시는 분도 하나님이다.

설교에는 우리가 이해할 수 없는 신비가 있다. 우리가 설교단에 서서 하나님 말씀을 전하면, 그 말씀이 사람들의 마음에 자리잡는다. 그렇게 될 때 해돈 로빈슨이 말한 대로, 하나님 말씀이 사람들의 삶에 불꽃을 일으키며, 하나님이 하나님의 일을 하신다. 그러므로 설교자들이여 용기를 내

라. 당신이 하는 일, 즉 말씀을 공부하고 이해한 내용을 회중에게 전하는 일은 충분히 가치 있다. 그 일에 하나님이 함께하신다는 사실은 우리에게 용기를 주며 우리를 자유롭게 한다. 그것은 사실이다. 설교는 설교자에게만 국한된 것이 아니다.

23

죽어가는 사람이
죽어가는 사람에게 하듯 설교하라

_ 제프리 D. 아더스

"나는 마치 죽어가는 사람이 죽어가는 사람에게 하듯이, 마지막 설교를 하듯이 설교했다." 당신은 이 말을 들어보았을지도 모른다. 청교도 고전인 『참 목자상』(*The Reformed Pastor*, 생명의말씀사)을 쓴 리처드 백스터의 말이다. 그는 설교단에 설 때마다 마지막 설교일 수 있다는 마음을 가졌다고 한다. 또 청중에게도 그것이 마지막 설교일 수 있다고 생각했다. 교인들의 영혼을 보살피는 목사로서, 그는 인간 존재의 짧고 유한함을 깊이 생각한 것이다.

성경은 인생의 짧음을 여러 비유로 표현한다. 우리는 지나가는 그림자다. 우리에게 주어진 날은 한 뼘에 불과하다. 우리는 아침에 피었다 저녁에 지는 풀과 같다. 연기처럼 미약하다. 우리는 죽어가는 사람들에게 설교한다.

백스터는 목사였기에 인생이 짧음을 잘 이해했다. 결혼식 주례와 장례식을 맡고 세례를 주며 상담에 응하는 목회자는, 인생이 짧음을 잘 인식한다. 그래서 리처드 백스터는 말씀을 가르치러 설교단에 서는 우리의 열정을 지피기 위해, 인간(우리 그리고 청중)의 유한함을 상기시킨다. 당신의 날들이 짧음을 깊이 생각하여 리처드 백스터처럼 설교하라. 마치 죽어가는 사람이 죽어가는 사람에게 하듯이, 마지막 설교를 하듯이!

24

설교할 때 자신의 모습 그대로 하라

_ 해돈 W. 로빈슨

        설교단에 설 때 자신의 모습 그대로 하라. 여러 해 전 처음 설교를 시작했을 때, 나는 명강사들을 모델로 삼았다. 그들은 컨퍼런스에서 중요한 역할을 하는 강사였다. 그래서 나는 그들을 모방했다. 1년가량 설교했을 무렵, 예배에 참석한 한 친구가 말했다. "참 재미있네. 여기서 나랑 이야기할 때와 설교단에서 말할 때 자네의 말하는 방식이 달라." 그 말을 듣고 나는 좀 더 나 자신의 모습에 충실해야겠다고 생각했다. 내가 기독교치과협회 대표이사가 되었을 때, 그 점은 더 뼈저리게 다가왔다. 나는 내과의사와

치과의사의 여러 모임에서 강연했다. 그들은 무뚝뚝한 청중이다. 별로 반응을 보이지 않는다. 기발한 농담을 들어도 웃는 둥 마는 둥 할 뿐이다. 강하게 선언하는 식의 말을 그들은 좋아하지 않았다. 그들은 회중 앞에 설 때와 개인적으로 교류할 때 각기 다른 모습인 사람을 참기 힘들어했다.

당신도 그런 모습을 참기 힘들 것이다. 설교할 때 자신의 모습 그대로 하라. 자신의 모습에 최선을 다하라. 아무렇게나 하라는 말이 아니다. 비속어나 좋지 않은 표현을 사용하라는 말도 아니다. 자신의 있는 모습 그대로 하라는 말이다. 사람들이 듣는 것은 설교나 설교의 개요가 아니라 설교자다. 당신이 테이블에 마주앉아 이야기할 때 열정적이라면, 설교할 때도 열정적인 것이 자연스럽다. 당신의 삶에서 다른 어떤 사람을 우상으로 삼지 말라. 하나님은 당신을 '당신이도록' 만드셨다. 당신과 똑같은 사람은 없다. 삶의 배경이나 인생관이 당신과 같은 사람은 없다. 당신이 보고 행한 것과 같은 것을 보고 행한 사람은 없다. 차 안에서나 집에서나 설교단에서나 같은 사람으로 행하라. 하나님이 당신을 당신이도록 만드셨으므로, 설교할 때 자신의 모습 그대로 하라!

25

전투에 언어를 동원하라

_ 제프리 D. 아더스

윈스턴 처칠은 "영어를 동원해 전투에 내보냈다"(실제 사람 대신 언어만으로도 전투력을 동원했다)고 한다. 세상과 육신과 마귀에 대항해 싸우는 전투에 최선의 말을 내보내라. 철조망을 끊고 진지로 돌진하는 병사들을 보내듯이 언어를 내보내라.

생생한 단어를 사용함으로써 그렇게 할 수 있다. '어느 주요 도시가 있었다'고 말하지 말고 '시카고였다'고 말하라. '도둑이 무기를 가져왔다'고 말하지 말고, '칼(또는 납 파이프)을 가져왔다'고 말하라. '마귀가 우리 삶을 엉망으로 만들기 위해 도처에 있다'고 말하지 말고, '마귀가 삼킬 자를 찾아 우는 사자처럼 돌아다닌다'고 말하라.

신진 극작가에게 소포를 받은 드라마작가 이야기를 아는가? 젊은 극작가가 자신의 조잡한 희곡과 번지르르하게 쓴 편지를 함께 보냈다. "선생님, 동봉한 원고를 자세히 읽고 조언해 주시기 바랍니다. 저는 선생님의 신속한 조언이 필요합니다. 다른 쇠붙이들이 불 속에 있거든요." 드라마작가가 답신을 보냈다. "불 속의 쇠붙이를 제거하고 원고를 집어 넣어요." 생생하고 간결하며 직설적인 표현이었다.

"연결되는 설교"(*Preaching That Connects*)라는 책에서, 마크 갈리와 브라이언 라손은 그런 표현을 연습할 것을 제안한다. 다음같이 느슨한 문장은 얼마든지 간명하게 다듬어질 수 있다. "하나님의 부단하신 창의성이 내 삶에 지속적인 영향을 미침으로써, 나는 이 점에 대해 배우고 있는 것을 여러분과 함께 나누고 싶습니다." 이 문장을 다듬어보자. "하나님의 부단한 창의성이 지속적으로 내게 영향을 미쳐왔습니다. 이제 내가 배운 것을 말씀드리겠습니다." 이것은 군살이 제거된 문장이다. 전투에 언어를 동원하라!

26

자신을 더 잘 알수록, 자신이 처한 상황에서 하나님을 더 잘 섬길 수 있다

_ 해돈 W. 로빈슨

"당신은 누구인가요?" 이것을 직업에 대한 질문으로 들으면 대답하기가 쉽다. 당신은 ○○교회 목사다. 아니면 관계적인 면에서 질문에 답할 수도 있다. 아내에게는 남편이고, 자녀에게는 아버지다. 학력 면에서도 답할 수 있다. 당신은 대학교와 신학교에서 학위를 받았다. 이 모든 것이 적절한 대답이기는 하지만, "당신은 누구인가요?"라는 물음을 다시 생각해 보자. 이것은 중요한 물음이다. 설교단에 설 때 당신은 설교자다. 회중은 설교문의 개요를 읽지 않는다. 그들에게는 설교 원고가 없다. 그들은 심지어 설교를 듣지도 않는다. 그들은 '당신'을 듣는다. 당신에 대해, 당신의 신실성에 대해, 당신의 정직함에 대해 그들이 어떻게 생각하는지가 중요하다. 따라서 "당신은 누구인가요?"는 좋은 커뮤니케이터를 위한 기본적인 물음이다.

당신은 누구인가? 이 물음에 명확히 대답하지 않으면, 당신은 회중에게 큰 해를 끼칠 수 있다. 설교 중에 말이다. 우리가 성경을 공부할 때, 성경을 공부하는 사람은 바로 '우리 자신'이다. 사람들은 성경을 읽을 때 각기 다양한 방법으로 읽는다. 내 친구 중에 아프리카계 미국인이 있다. 그들은 성경을 읽을 때 내가 보지 못한 내용을 본다. 그들은 종살이 가운데서도 하나님을 믿는 믿음으로 승리하는 하나님의 사람들이 있음을 찾아낸다. 그것도 성경 전반에 걸쳐 찾아낸다. 나는 그런 내용을 보지 못했지만 그들은 본다. 그들은 아프리카계 미국인이라는 의미에서 자신이 누군지를 알고 있다. 그 사실이 그들의 성경 읽는 방법에 영향을 미친다.

만일 당신이 다툼에 직면하기를 싫어하며 그것을 기피하는 가정에서 자랐다면, 그래서 사역하는 과정에서 다툼을 처리하지 못하면, 당신과 당신의 가족에게 큰 고통이 따를 수 있다. 다툼을 처리하기 힘든 이유는 그 방법을 가정에서 배우지 못했기 때문이다. "당신은 누구인가요?"는 매우 중요한 질문이다.

내가 어렸을 때 어머니가 돌아가셨다. 그 모든 것이 내게 영향을 미치고, 내 사고방식에 영향을 미친다. 성경 읽는 방식과 내 설교 방식에도 영향을 미친다. 그런데 그 사실을 숙지하면 그로 인한 문제를 막을 수도 있다. "당신은 누구인가요?"는 중요한 물음이다. 자신을 더 잘 알수록, 자신이 처한 상황에서 하나님을 더 잘 섬길 수 있다!

27

기린 말고 양을 먹이라
_ 스콧 M. 깁슨

찰스 해돈 스펄전은 "기린 말고 양을 먹이라"고 했다. 이것은 설교자가 기억하고 숙고해야 할 귀한 금언이다. 기린 말고 양을 먹이라. 스펄전이 말하는 것은, 그리고 모든 설교자가 고려하도록 권하는 사항은, 청중에게 성경 본문의 의미를 명확히 전해야 한다는 것이다.

빌리 그레이엄은 이를 또 다른 방식으로 말한다. "과자를 더 낮은 선반에 두라." 맛있는 과자를 손이 닿지 않을 정도로 높은 데 두지 말라는 것이다. 설교할 때 우리는 청중이 설교 내용을 잘 이해하기를 바란다.

어떤 이들은 우리가 성경을 지나치게 단순히 해석한다며 비판할 수도 있다. 그러나 설교 내용을 잘 이해하지 못하는 청중을 우리는 배려해야 한다.

나와 같은 지역에서 살았던 한 목사가 기억난다. 그는 학벌이 좋았다. 사람들은 그의 교회로 몰려들었다. 그들은 말했다. "우리는 아무개 목사의 교회로 가는 걸 좋아해요. 그의 말을 이해하지는 못하지만, 우리는 그 교회에 다니고 싶어요!" 나는 그 말을 이해할 수 없었다. 그들은 양이었으나, 그 목사는 기린을 먹이고 있었다. 그는 과자를 낮은 선반에 두지 않았다. 목사와 설교자로서, 우리는 어린 양들을 어깨에 메고 그들에게 가르치고자 하는 내용을 이해시킴으로써 그들의 영혼을 강건케 하는 일을 한다.

어떻게 하면 우리가 과자를 더 낮은 선반에 둘 수 있을까? 어떻게 하면 양들을 먹일 수 있을까? 한 가지 방법은 청중이 어떤 사람인지 기억하는 것이다. 우리는 신학교 교수나 신학교 학우들에게 말하는 것이 아니다. 우리와 달리 성경을 깊이 통찰하지 못하는 일반 사람들에게 말하고 있음을 기억해야 한다.

또 우리는 하나님 교회의 리더로서 가르쳐야 한다. 우리가 가르칠 수 있으려면 양들을 먹일 수 있어야 한다. 그들의 과자를 더 낮은 선반에 두어야 한다. 이는 우리가 다루는 추상적인 개념이나 전문 용어가 그들의 이해 수준을 넘어서지 않아야 함을 뜻한다. 메시지를 그들의 수준에 맞춰 전하는 능력이 요구된다.

찰스 해돈 스펄전이 옳다. 그의 말은 복잡한 성경 본문을 다루는 모든 설교자가 기억해야 할 내용이다. 기린 말고 양을 먹이라!

28

바깥에 있는 이들에게 설교하라

_ 패트리샤 M. 바텐

나는 마가복음 1장 40-45절 말씀을 설교했다. 그 본문에서 마가는 사회의 변방에 사는 사람에 대해 이야기한다. 그는 공동체로부터 소외되었다. 자신의 머리를 가리고 "부정하다, 부정하다" 외쳤고, 공동체 안에서 살도록 허락되지 않았다. 질병으로 부정해졌다. 나환자와 접촉하는 사람도 모두 의식적으로 부정하게 여겨졌다. 사실, 고대에는 나병을 사악하고 은밀한 죄의 결과라 믿었고, 하나님의 징벌이라 여겼다. 그 나환자는 바깥에 갇힌 사람이었다. 밤에 잠자리에 든 어린아이들이 멀리서 들리는 나환자의 "부정하다, 부정하다"라는 외침을 듣고 있다고 상상해 보라. 그 아이들의 머릿속에는 괴물 이미지가 떠올랐을 것이다. 끔찍한 일을 저질러 얼굴과 몸이 흉하게 일그러진 사람의 모습 말이다. 이 나환자는 바깥으로 밀려났다.

설교자로서 나는 바깥에 있는 이들을 고려했는지 생각하기 시작했다. 우리 성도 중에는 나환자가 없다. 그러면 누가 바깥에 있는 이들일까?

나는 대부분의 설교가 가운데 있는 사람들을 향한 것이라고 생각한다. 대부분의 메시지가 그들에게 전해지고, 일부만 가장자리에 있는 이들(즉, 청소년과 노인들)에게 도달한다. 가장자리에 있는 이들에게 메시지가 도달하더라도, 직접적이며 실질적으로 전해지는 것이 아니다. 나는 바깥에 있는 자들을 고려해 설교하기를 원한다. 그들에게도 은혜의 메시지를 전해야 한다.

어린아이와 청소년들은 마치 교회의 바깥에서 안을 들여다보는 것처럼 살아간다. 나환자처럼 그들은 바깥으로 밀려나 있다. 그들 주변에는 삶과 웃음과 온 세상이 있으나, 그들은 그 모든 것의 바깥에 있다. 그들이 바깥에 있는 것은 누군가가 그들을 밀어냈기 때문일 수 있다. 또 공동체에 들어가는 방법을 몰라서일 수도 있다. 아니면 그들이 했던 말이나 옷차림이나 외모 또는 그들이 할 수 있거나 할 수 없는 일 때문일 수도 있다. 그러나 아이들은 자신이 바깥에 있는 것이 어떤 상태인지 안다.

노인들도 자신이 바깥에 있는 상태가 어떤 건지를 안다. 그들을 바깥으로 밀어내는 것이 새로운 개념이나 새로 들어온 사람일 수 있다. 활동력이 결여되거나 듣거나 보는 역량이 부족하기 때문일 수도 있다. 또 심각한 병 때문일 수도 있다. 아니면 그들이 했던 말이나 옷차림이나 외모 때문이거나, 그들이 할 수 있거나 할 수 없는 일 때문일 수도 있다. 그러나 그들 중 다수는 자신이 바깥에 있는 것이 어떤 상태인지 안다.

예수님은 바깥에 있는 사람들을 돌보셨다. 마가에 따르면, 예수님은 나환자에게 다가가 손을 대셨다. 그 사람은 어떤 느낌을 받았을까? 자신을 만지는 누군가의 손길을 느껴본 때가 언제였을까? 누군가가 그의 눈을 피하지 않고 들여다본 때가 언제였을까? 예수님은 불구가 된 그의 몸에 직접 손을 대셨다.

　내 남편이 최근에 모친을 여읜 한 여인과 대화를 나누었다. "어머니가 보고 싶어요. 어머니를 안아볼 수 있으면 좋겠어요." 그녀가 말했다. 그날 이후 나는 부모님을 자주 만났다. 그것은 내 삶의 중요한 부분이다. 나는 부모님을 일주일에 다섯 번 만난다. 아침마다 내가 잭과 샘을 학교에 데려다줄 때면, 아버지는 건너와 팀의 아침식사를 도와주신다. 내가 급한 용무를 보거나 몇 시간 일하러 갈 때면, 부모님이 오후에 다시 오신다. 밤에 모임이 있거나 성경공부를 할 때도 부모님이 다시 오신다. 어느 날 이렇게 부모님을 만난 자리에서 나는 말했다. "우리 헤어질 때마다 포옹하기로 해요." 지금 생각하면 우습지만 그런 접촉은 중요하다.

　오래도록 정겹게 신체 접촉을 하지 않은 사람들(특히 노인들)이 많다. 그들은 악수를 나누거나 아들딸을 포옹해 본 지 오래되었다. 바깥에 머무는 아이도 있다. 때로는 그들에게 다가가기가 힘들다. 그러나 사랑과 온정으로 안아주면 그들이 어떤 반응을 보일까? 아이가 일곱 살이 되면, 특히 남자아이의 경우 부모와 신체 접촉이 현저하게 줄어든다.

예수님은 나환자에게 손을 대셨다. 바깥에 있는 사람을 배려하셨다. 가장 바깥에 있는 사람도 하나님의 손길을 느낄 수 있다. 하나님의 손길은 어디에나 미친다. 아무도 도울 수 없는 상황에서도 하나님은 도우실 수 있다. 하나님의 손길이 미치지 못할 정도로 먼 곳은 없다. 바깥에 있는 사람들에게 설교하라! 그들에게는 하나님의 손길이 필요하다.

29

설교는 간결할수록 좋다
_ 해돈 W. 로빈슨

설교자들이 종종 언급하는 이야기가 있다. 어느 주일 한 사람이 교회에 갔는데, 그 사람과 설교자 외에는 아무도 없었다. 설교자가 앞줄에 앉은 그 사람에게 설교하기를 머뭇거리자 그가 말했다. "저는 설교를 들으러 교회에 왔어요. 영적 양식이 필요해요." 그러자 설교자가 일어나 설교했고, 그 순간 자신의 감정에 사로잡혔다. 예배를 마친 후 설교자가 인사를 나누려고 문 앞에 섰을 때 그 사람이 말했다. "귀한 설교였어요. 하지만 저 혼자밖에 없었어요. 만일 제게 소가 한 마리만 있다면, 저는 그 소에게 건초더미 전체를 주지는 않을 겁니다." 그의 말인즉, 설교 내용이 너무 많았다는 것이다. 아마 그 자리에 100명이 있었어도 마찬가지였을 것이다.

설교에 대해 생각하면서, 나는 '간결할수록 좋다'는 확신을 갖게 되었다. 신학교를 갓 졸업했을 때는 '많을수록 좋다'고 생각했다. 성경 본문에 있는 모든 것을 각 구절마다 상세하게 제공하는 것이 설교의 본질이라 생각했다. 그 결과 내 설교는 무게감은 있었으나 청중에게 잘 전달되지는 않았다.

30년 전 내가 에베소서 5장에 대해 설교한 동영상을 얼마 전에 보았다. 그 본문은 남편과 아내에 대한 내용에서 시작해, 부모와 자녀에 대한 이야기로, 그다음에는 종과 주인에 대한 이야기로 전개되었다. 나는 25-30분 동안 그 내용 전체를 설교했다. 요즘에는 상상조차 할 수 없는 일이다. 이제는 그 본문을 읽다가 "아비들아 너희 자녀를 노엽게 하지 말고 오직 주의 교훈과 훈계로 양육하라"는 권면에 이르면, 이 내용에 대해서만 설교할 것이다. 이 본문에서만도 온갖 종류의 물음이 제기될 수 있다.

- 이 권면이 어머니가 아니라 아버지들에게 주어진 이유는 무엇인가?
- 자녀를 노엽게 하는 경우는 어떤 때인가?
- 어머니보다는 아버지가 더 자주 그리하는가?
- 자녀를 노엽게 할 경우 주의 교훈과 훈계로 양육할 수 없는 이유는 무엇인가?
- '주의 교훈과 훈계로 양육한다'는 것은 무슨 뜻인가? 부모는 자녀를 훈계한다(예, 네 자전거를 들여 놓아라, 어서 자거라, 밥 먹어라). 그런데 '주의 훈계'란 무엇인가?

이 모든 내용이 한 절에 들어 있다! 주일 오전에 회중에게 이 내용을 잘 전해 준다면 좋은 설교가 될 것이다. 그렇게 하는 것이 에베소서 5장에서 시작해 6장까지 넘어가는 것보다 훨씬 좋을 것이다. 누군가가 이르기를, 사람들은 영적 양식이 필요해 교회에 간다고 했다. 그들에게 밀밭보다는 한 덩이의 빵을 제공하라. 이제 나는 잼을 바른 맛있는 빵 한 조각을 그들이 먹게 하는 것이 더 낫다는 것을 안다. 설교는 간결할수록 좋다고 믿는다. 그들에게 밀밭 전체를 주지 말라. 한 조각의 빵을 주라. 설교를 듣는 이들에게 성경을 바탕으로 빵 한 덩이를, 혹은 빵 한 조각을 제공하라. 설교는 간결할수록 좋다!

30

ERP(관계가능성 평가) 요소를 기억하라

_ 제프리 D. 아더스

ERP(관계가능성 평가)를 유념하라. 이것은 개인 커뮤니케이션 분야와 관련된 사회과학 이론으로서, 우리가 누군가를 만날 때 관계가능성에 대해 재빨리 평가함을 알려준다. 우리는 다음 사항을 평가하기 시작한다.

- 여기서 맺을 수 있는 관계는 어떤 종류인가?
- 우리 관계의 특성은 무엇일까? 로맨틱한 관계일까? 신뢰할 만한 관계일까?
- 내가 이 사람을 피해야 할까?

이 평가 과정 대부분은 잠재의식 속에서 진행된다. 그것은 외모, 옷, 표정, 억양, 그리고 사용한 어휘 같은 요소에 근거한다. 우리는 상대방이 자신과 유사한지 그리고 우리가 그 사람과 의미 있게 연결될 수 있겠는지 판단하려고 노력한다.

ERP는 개인 커뮤니케이션과 관련된 이론이지만 공적 사역에도 적용된다. 우리가 설교단에 설 때, 사람들은 잠재의식적으로 자신이 기대할 수 있는 관계를 평가한다. 당신의 설교를 처음 듣는 사람은 특히 그렇다. 오래된 교인도 마찬가지다. 매주일 그들은 자신이 듣는 설교가 어떨지 평가한다.

따라서 ERP는 설교자가 잘 시작해야 함을 알려준다. 다른 설교자를 흉내내지 말고 자신의 모습 그대로 하라. 활력과 미소와 좋은 자세로 설교를 시작하라. 설교의 처음 60초가 나머지 설교 시간에 대한 회중의 반응에 영향을 미친다.

ERP는 예배안내자의 역할이 중요함을 알려준다. 그들을 잘 선정해 훈련시켜야 한다. 비록 몇 초 동안의 만남이지만, 문 앞에서 주보를 나눠주거나 악수를 나누는 안내자는 그 주일 전체에 대한 기대를 갖게 한다.

또 ERP는 눈에 보이는 교회 시설을 살펴야 함을 알려준다. 주차장부터 시작하라. 교회를 처음 방문하는 사람의 눈으로 보라. 주차장이 깨끗한가? 안내 표지판이 적절히 부착되어 있는가? 사람들은 교회로 들어설 때 ERP, 즉 관계가능성을 평가한다. ERP 요소를 기억하라!

31

'여러분'보다 '우리'를 더 많이 설교하라
_ 매튜 D. 킴

'여러분'보다는 '우리'를 더 많이 설교하라. 무슨 뜻일까? 설교할 때 우리는 '여러분'이라는 표현을 많이 사용한다. 그러면 청중에게서 멀어진다. 예를 들어보자. 내가 우리 교회 한 교인과 농구를 하고 있었다. 치열한 접전을 펼치다 멈추더니 그가 무덤덤하게 말했다. "목사님은 힘드시겠어요." "그게 무슨 뜻이죠?" "목사님은 거룩해야 하지만 저는 굳이 그럴 필요가 없어요. 목사님의 삶은 매우 힘들 것 같습니다."

나는 그 말에 다소 놀랐다. 그런데 그의 말은 청중이 목사를 높게 보는 경우가 있음을 알려준다. 목사를 특별히 존경하는 청중이 더러 있다. 이로 인해 목사와 교인들 간에 담이 생길 수 있다. 이 담을 무너뜨리는 방법 중 하나가 '우리'라는 표현이다. 이것은 설교자도 전하는 메시지의 적용을 똑같이 받는 사람임을 뜻한다. 그는 설교 듣는 참석자 중 한 명이다. '우리'라는 표현은 설교가 청중만을 위한 것이 아니라 설교자 자신을 위한 것이기도 함을 나타낸다.

미가 선지자는 미가 3장 1절에서 "내가 또 이르노니 야곱의 우두머리들과 이스라엘 족속의 통치자들아 들으라 정의를 아는 것이 너희의 본분이 아니냐"고 말한다. 여기서 선지자는 자신이 이스라엘 지도자들과 같지 않음을 나타낸다. 그렇다. 그렇게 해야 할 상황이 있다. 우리가 청중을 사랑으로 질책하고 도전을 주며, 하나님 말씀에 순종하도록 권면해야 할 때가 있다. 동시에 우리는 나눔 공동체라는 사실을 명심할 필요가 있다. 설교자라고 해서 회중의 삶에 참여하지 않는 것은 아니다. 우리는 함께한다. 해돈 로빈슨이 말하듯, "어떤 경우에는 설교자가 '우리'보다는 '여러분'이라는 표현을 쓰는 것이 적절하다. 이때 설교자는 하나님 앞에서 교인을 대표하는 것이 아니라 교인들 앞에서 하나님을 대변한다." 우리가 청중을 돕는 방법 중 하나는 '우리'라는 표현을 사용해 공감을 불러일으키는 것이다.

'우리'라는 표현은 청중과의 거리감을 없애준다. 우리가 설교단에 서면 자연스럽게 장벽이 생긴다. 설교단의 위치가 높을 경우 설교자는 청중을 내려다보게 된다. 청중과 설교자 간의 거리감을 없앨 수 있는 방법 중 하나가 '우리'라는 표현이다. 또 이것은 비전 제시에도 도움이 된다. 우리가 교회를 위한 구체적인 비전을 제시할 때도 사용한다. "'여러분'은 이렇게 해야 합니다. '여러분'은 하나님의 사람이어야 합니다. '여러분'은 가난한 자를 섬겨야 합니다. '여러분'은 이 모든 일을 해야 합니다." 그러나 '우리'라는 표현은 청중과 연결되도록 도와준다. "저는 단지 할 일을 여러분에게 명령하기만 하는 사람이 아닙니다. 저는 여러분과 함께 일합니다." 이렇게 말하는 셈이다.

우리는 하나님나라에 그리고 하나님의 일에 함께 참여한다. 우리는 해야 할 일을 지시하기만 하는 사람이 아니다. 우리는 교인들과 함께 참호 속에 있다. 우리는 그들을 사랑하며 섬기고 함께 협력한다. 우리가 설교 중에 청중과 더 잘 연결되는 방법 중 하나는, 자신을 설교 속에 포함시키는 것이다. 설교할 때 그 방법을 시도해 보라. '여러분'보다 '우리'를 더 많이 설교하라!

32

청중을 연구하라
_ 스콧 M. 깁슨

　　청중을 연구하라. 회중석에 앉은 이들이 어떤 사람들인지 숙지하라. 당신은 새 교회에 부임해서, '내가 여기서 할 수 있는 것은 잠시 동안 메시지를 전하는 것뿐'이라고 생각할 수도 있다. 그러나 그렇게 하는 설교는 청중을 완전히 간과한 것이다. 당신이 전하는 메시지가 그들의 상황이나 영적 현실과 연결되지 않기 때문이다.

　우리는 성경 본문 연구에 많은 시간을 할애한다. 그런데 설교를 듣는 회중을 연구하는 데는 거의 시간을 할애하지 않는다. 설교자에게 매우 큰 도전 중 하나가 바로 이것이다.

설교 듣는 사람을 고려하는 것이다. 우리는 이 점을 자주 놓친다. 설교단에 서서 본문의 진리가 청중의 삶에 어떻게 적용될지 고려하지 않은 채, 서둘러 설교하고는 자리에 앉으면 된다고 생각한다.

설교를 준비할 때, 청중이 제기할 수 있는 질문을 미리 생각해 볼 필요가 있다. 노인, 청소년, 근래에 교회에 나오지 않는 사람을 각각 한 명씩 골라, 그들과 함께 둘러앉아 있다고 상상해 보라. 힘든 질문을 던지는 사람, 즉 불만을 품거나 이의를 제기하는 사람도 꼭 포함시키라.

이런 사람들의 질문은 당신이 메시지를 어떻게 전할지를 이해하는 데 도움이 된다. 그 질문을 통해 당신은 그들의 배경을 이해할 수 있다. 더 넓게는 지난 25년, 30년, 40년에 걸친 회중 전체의 배경을 이해할 수 있다.

목회를 시작하고 처음 부임한 교회에서, 나는 교회를 설립한 때부터의 모든 역사를 보여달라고 요청했다. 그 교회는 1851년에 설립되었다. 교회 기록물을 넘기면서 선교사에게 보낸 후원금, 교회가 직면했던 도전, 화재 후의 재건축 등에 대해 읽었다. 1940년대 말에서 1950년대 초 사이에는 끔찍한 교회 분열이 있었다. 교회 분열의 여파는 내가 시무하던 1980년대까지도 남아 있었다.

역사적 지리적 경제적으로 청중에게 영향을 미쳐온 요소에 대해 숙고할 필요가 있다. 그들이 직면한 문제(예, 실직, 폐업, 창업에 대한 고민, 건강 문제, 가정 파탄 등)를 깊이 생각해 보아야 한다. 설교 준비에는 이런 일이 중요하다. 우리의 설교를 들을 회중을 고려해야 한다. 설교단에 선 사람은 단지 설교만 하고 내려오면 되는 것이 아니라, 그 설교를 듣는 사람을 고려해야 한다. 청중을 연구하라!

33

종이는 열을 잘 전달하지 못한다
_ 제프리 D. 아더스

      종이는 열을 잘 전달하지 못한다. 달리 말하면, 원고를 읽으면 열정과 감동을 불러일으키기 힘들다. 원고 없이 하는 설교를 뒷받침해 주는 논거는 무엇일까? 당신이 실망해서 이 글을 건너뛰기 전에, 나는 원고를 가지고 하는 설교에도 장점이 있음을 먼저 인정하려 한다.

  한 가지 장점은 정확한 내용 전달이다. 원고는 다듬은 내용을 설교단에서 정확히 전할 수 있게 한다. 또 다른 이점은 정확한 타이밍이다. 원고 설교를 하면 설교 시간을 가늠할 필요가 없다. 또 하나의 이점은 불변성이다. 설교 내용이 종이에 기록되어 있으므로 변하지 않는다. 마지막 이점은 안심할 수 있다는 것이다. 많은 설교자들이 원고를 사용하는 주된 이유가 바로 이 때문일 것이다. 그것은 '설교'라는 아슬아슬한 일을 받쳐주는 안전망이다.

이런 이점을 인정한 후, 이제 나는 원고 설교에 대한 반대 논거를 제시하고자 한다. 간단히 말하면, 그것은 마음을 제대로 전하지 못한다. 원고를 보며 대화하는 사람은 거의 없다. 말로 하는 의사소통에는 구문론적 끊김, 말의 반복, 단편적인 문장, 원고에는 없을 수사의문문 등이 있다. 원고 설교는 품위와 학식이 있어 보이고 정확하다. 그러나 살아있는 영혼이 살아있는 영혼에게 사역하기보다는 장광설을 늘어놓는 것처럼 보인다.

원고 설교의 두 번째 불리한 점은 전달력에 대한 것이다. 아이컨택과 제스처를 사용할 수 없다. 원고가 당신의 움직임을 제한하는 올가미가 된다. 종이 또는 태블릿에 적힌 글을 읽으면, 대체로 착 가라앉는 느낌을 준다. 실제 대화에는 속도 변화, 잠시 멈춤, 발성, 음성 효과 등이 있다. 인쇄된 내용을 큰 소리로 읽는 사람은 거의 없다.

원고 설교의 또 다른 단점은 자연스럽지 못하다는 것이다. 말하고자 하는 모든 내용을 미리 준비하고 정리하여 순서대로 전할 경우 청중과 연결되기 힘들다. 열정을 불러일으키기도 힘들다. 원고 설교는 냉랭한 경우가 많다.

끝으로, 원고를 사용하는 것은 우리 자신의 준비에 지나치게 의존함을 뜻할 수 있다. 원고를 준비하지 말아야 한다는 의미는 아니다. 내가 '즉흥' 설교를 주장하는 건 아니다. 원고를 작성하라. 그러나 그것을 설교단에 가져가지 말라. 종이는 열을 잘 전달하지 못하기 때문이다.

34

효율적인 설교자는
성경은 물론 교인을 해석한다

_ 매튜 D. 킴

      몇 년 전, 신학교에서 해돈 로빈슨 박사의 수업을 들었다. 그는 존 스토트의 책 『현대 교회와 설교』(*Between Two Worlds*, 생명의샘)를 소개했다. 이 책에서, 스토트는 설교를 교량 건설에 빗대어 묘사한다. 성경의 세계와 오늘날의 세계 사이에 다리를 놓는다는 것이다. 우리는 성경의 세계를 이해하기 위해 많은 시간을 할애한다.

  그러나 효율적인 설교자는 성경과 교인 둘 다 해석한다는 사실을 기억하기 바란다. 물론 설교 준비를 성경에서 시작하는 것은 중요하다. 청중에게 설교할 성경 진리는 성경에서 얻으니 말이다. 우리는 말씀을 공부한다. 성경 본문의 의미를 찾기 위해 최선을 다해 원문을 번역하고, 단어를 공부하며, 주석을 읽고, 깊이 묵상한다. 공부하는 본문에서 핵심 진리를 찾아낸다. 그러나 거기서 끝나는 경우가 많다. 성경의 세계에만 초점을 맞추고, 우리가 교량 건설자라는 사실은 잊어버린다. 우리는 청중으로 하여금 성경의 세계를 이해하고 그것을 오늘날의 삶에 적용하도록 돕는 역할을 한다. 효율적인 설교자는 성경은 물론 교인도 해석한다.

그러면 교인들을 어떻게 해석할까? 교인들을 해석한다는 것은 무슨 의미일까? 이것은 과학연구소에서 그들을 분석하는 것이 아니다. 그들이 어떤 사람이며, 어떤 생각을 하는지 이해하려는 것이다. 그들의 관심사는 무엇인가? 그들의 가치관은 어떠한가? 그들의 취향은 무엇인가? 교인들 간에 존재하는 문화적 차이는 무엇인가? 그들의 정치적 입장은 어떠한가? 그들을 붙들고 있는 교리는 무엇인가? 우리는 성경 진리를 그들의 삶에 정확히 적용하기 위해 그들의 세계를 이해해야 한다.

내가 콜로라도에서 담임 목회를 막 시작했을 때였다. 한 교인이 첫 주일에 나를 찾아와 말했다. "오는 목요일 일정을 비워두세요. 함께 즐거운 시간을 보내려고 해요." 나는 귀가 번쩍 뜨여서 물었다. "뭘 할 건데요?" "새벽 5시에 모시러 올게요. 웨이크보딩을 하려고 해요."

나는 생각했다. '웨이크보딩? 나는 시카고 출신이라 웨이크보딩을 해본 적이 없는데….' "염려하지 마세요. 5시에 일어나기만 하세요. 수영복을 꼭 준비하시고요. 멋진 시간이 될 겁니다." 이 말로 나를 안심시키는 것으로 봐서, 내가 두려워하는 표정을 지었던 것이 분명하다.

약속대로 그는 새벽 5시에 나를 데리러 왔다. 우리는 한 시간 정도를 달려, 호수에 놓인 그의 보트에 올랐다. 또 다른 교인 한 명이 합류했다. 그들은 웨이크보딩 방법을 내게 설명했다. "이 구명조끼를 입으세요. 물속에 들어가면 물 위로 떠오를 거예요."

나는 또 생각했다. '한 번도 해본 적이 없는데…. 어떻게 일어서지?' 그가 말했다. "걱정하지 마세요. 보트의 미는 힘으로 목사님은 물 위로 일어설 수 있어요." 내가 잔뜩 긴장한 채로 얼음장 같은 물속에 들어가자, 보트가 갑자기 나를 끌어당겼다. 나는 죽기 살기로 손잡이를 움켜잡았다. 보트가 계속 나를 끌어당겼다. 나는 일어서려고 최선을 다했고, 30초쯤 지났을 때 그들의 말대로 물 위로 일어섰다. 내가 웨이크보딩을 하고 있었다. 보트가 방향을 돌리기 전까지 나는 물 위를 떠다녔다. 보트가 갑자기 멈추자 내 얼굴이 물속으로 곤두박질쳤다. 그 모습을 보고 그들은 호쾌하게 웃었고, 몇 분 후에는 내가 웃었다.

이 이야기를 하는 이유가 무엇일까? 그 웨이크보딩으로 나는 교인들과 친해졌고 사역 파트너를 얻었다. 나는 그들의 관심사와 가치관과 취미를 알게 되었다. 그들의 열정을 알게 되었고, 그리스도를 닮고자 하는 그들의 마음과 영적 성숙을 향한 갈망을 알게 되었다. 그들이 즐기는 활동을 함께 함으로써 나는 온갖 정보를 얻었다. 그 시간에 나도 모르게 그들을 해석하고 있었다.

설교할 때 우리는 성경의 세계와 오늘날의 세계를 잇고자 노력한다. 효율적인 설교자는 성경은 물론 교인을 해석한다.

35

관찰력이 통찰력 있는 설교자를 만든다

_ 스콧 M. 깁슨

관찰력이 통찰력 있는 설교자를 만든다는 것을 아는가? 세상을 관찰할 수 있는, 즉 주변에서 일어나는 일을 이해하며 돌아볼 수 있는 자가 통찰력 있는 설교자다. 그들은 자신의 삶과 다른 이의 삶에서 일어나는 일을 주어진 성경 본문이나 그 의미와 연관지을 수 있다. 이것이 무슨 뜻일까? 세계를 두루 다니면서도 통찰력이나 예화를 별로 얻지 못하는 사람이 있다. 그런가 하면, 자신의 동네를 산책하면서도 주변의 온갖 것을 관찰하는 사람이 있다.

몇 년 전, 내 모교회 친구들이 카리브해 유람선 여행을

하기로 결정했다. 흔치 않은 여행이었으므로, 그들이 돌아왔을 때 그들의 모험을 담은 사진을 매우 기대했다. 그런데 그들이 사진을 꺼냈을 때, 카리브해의 아름답고 청명한 바닷물이나 흰 모래 해변은 보이지 않았다. 종려나무나 카리브해의 특징을 보여줄 만한 돌고래나 물고기도 보이지 않았다. 배 위의 얼음조각을 찍은 사진만 가득했다. 나도 얼음조각을 좋아하지만, 얼음조각이 그 여행의 유일한 특징은 아니었을 것이다. 그들은 카리브해 전역을 항해했지만, 그들의 관심을 사로잡은 건 얼음조각이었다.

설교자로서 우리는 활력과 풍요와 의미를 제공하는 인간관계로 가득한 다채롭고 밝은 세상보다는, 얼음조각을 보는 경우가 종종 있다. 관찰력과 통찰력을 갖춘 설교자가 되는데 장애가 되는 것은 무엇인가?

관찰력 있는 설교자는 진행되는 일에 주의를 기울인다. 그들은 대화를 경청하고, 사람들이 서로 어떻게 소통하는지 관찰한다. 사람들이 대화하는 말투를 듣고, 다른 사람을 대하는 태도(예를 들면, 따뜻한 포옹, 차가운 악수, 반짝이는 눈)를 본다. 관찰력을 개발할 수 있는 한 가지 방법은 쇼핑몰의 벤

치에 앉아 지나가는 사람을 보는 것이다. 곧 이런 생각이 들기 시작할 것이다. '저 사람은 왜 저런 식으로 걷지?' '저 여자는 왜 느릿느릿 걸어갈까?' '이쪽으로 오는 저 남자는 계속 머리를 흔들며 손에 든 것을 앞뒤로 흔드네.' '낙심한 것으로 보이는군.' 계산서를 지불할 돈이 없어 불평하는 소리가 들린다. 당신은 자녀를 나무라는 소리를 듣고 그 아이들의 반응을 본다. 이 모든 관찰 내용은 사람들의 다양한 모습을 보게 한다.

여러 해 전, 설교자들은 소위 '비망록'이라는 것을 사용하곤 했다. 텅 빈 지면에 매일 관찰한 내용을 적은 책이다. 그 내용은 하나님이 사람들의 삶에서 어떻게 일하시는지, 그리고 자신이 관찰한 것을 설교와 어떻게 연결하는지를 알게 한다. 거기 기록한 내용에서 예화 자료나 청중에게 제시할 질문을 얻을 수도 있다.

우리는 평소 관찰하는 습관으로 통찰력 있는 설교자가 될 수 있다. 우리의 설교는 관찰한 것에 영향을 받을 수밖에 없다. 우리의 눈이 주변 세상에 열려 있기 때문이다. 그러므로 더 나은 설교를 원한다면 속도를 조금 늦추고 주변 세계를 받아들이는 관찰력 있는 설교자가 되라. 관찰력이 통찰력 있는 설교자를 만든다.

36

성별언어를 고려하라
_ 제프리 D. 아더스

     몇 년 전, 내 친구가 강아지 한 마리를 얻었다. 이름이 세베데였다. 그 친구는 사람 말을 알아듣도록 세베데를 훈련시키느라고 애를 먹었다. "자, 세베데, 하지 마! 이 버르장머리 없는 강아지 같으니라고! 내가 두 번이나 말했지? 세베데, 경고한다!" 세베데는 알아듣지 못했고 버릇없는 행동은 계속되었다.

  친구는 세베데를 개 훈련학교에 데려갔다. 개 훈련학교는 사실상 견주 훈련학교였다. 그곳 사람들은 몸동작이나 아이컨택, 목소리 톤 같은 비언어 신호로 개에게 말하는 법을 친구에게 가르쳤다. 개들이 이해하는 건 바로 그런 것이다. 내 친구는 강아지와 교류하는 법을 배운 것이다.

내가 이 이야기를 하는 것은 남자와 여자가 이야기할 때 서로 다른 문화를 경험하기 때문이다. 우리는 커뮤니케이션 전문가 드보라 탄넨이 말하는 '성별언어'에 적응할 필요가 있다. 이 글을 읽는 사람들 대다수가 남자이므로 남자에게 적용해 보자.

'직설적인 말'과 '에두름'에 대해 생각해 보자. 미국 문화에서, 남자는 여자보다 더 직설적인 경향이 있다. 남자들이 어떤 과업을 완수하는 수단으로 커뮤니케이션을 보기 때문이다. 그러나 여자들에게는 부드러운 상호관계가 중요하므로 커뮤니케이션이 친교의 방편이 된다. 그들은 상대방에게 선택의 여지를 남김으로써 대치 상황을 피한다. 미셸과 로빈의 대화를 들어보자.

"어디서 뭘 좀 먹을래요?" 미셸이 말한다.
"시장하신가요?" 로빈이 묻는다.
"네, 조금요."

"저도 그래요. 우리 식사할까요?"

"저는 좋아요. 어디로 갈까요?" 미셸이 말한다.

"어디서 뭘 좀 먹을래요?"라는 말을 들을 때, 남자는 "배고파요. 먹으러 갑시다"라고 말할 가능성이 크다. 그러나 이 성별언어가 여자의 귀에는 무뚝뚝하거나 퉁명스럽게 들린다. 그러므로 남자들이여, 설교 중에 진리를 적용할 때 "하나님께 순종하지 않는 자는 천치입니다!"라고 말하기보다는, 질문이나 제안 형식으로 말하려고 노력하라.

또 스토리텔링 기술을 고려하라. 남자들은 경쟁이나 주목할 만한 행동에 대해 이야기하는 경향이 있다. "내가 행글라이딩을 하러 갔을 때…" 또는 "정말 이상한 택시를 탔던 이야기 좀 들어보세요" 같은 것이다. 남자들의 이야기는 대립과 절정을 지니는 경향이 있다. 대개 그들은 마지막에 정곡을 찌르는 말을 한다. 반면, 여자들의 이야기는 일상사에 대한 것이고, 절정으로 끝나지 않을 수도 있다.

스토리텔링에서 성별언어를 알아보려면, 틀에 박힌 사나이 영화를 여자들 영화와 비교해 보라. 따라서 남자들이여,

이야기할 때 자녀 돌보기, 일터의 스트레스 또는 걷기 운동 같은 일상사를 간과하지 말라. 성별언어를 고려하라!

37

한 번에 한 사람에게 설교하라

_ 매튜 D. 킴

우리 중에는 누가복음 15장에 나오는 잃어버린 양 비유에 익숙한 이들이 많을 것이다.

모든 세리와 죄인들이 말씀을 들으러 가까이 나아오니 바리새인과 서기관들이 수군거려 이르되 이 사람이 죄인을 영접하고 음식을 같이 먹는다 하더라 예수께서 그들에게 이 비유로 이르시되 너희 중에 어떤 사람이 양 백 마리가 있는데 그 중의 하나를 잃으면 아흔아홉 마리를 들에 두고 그 잃은 것을 찾아내기까지 찾아다니지 아니하겠느냐 또 찾아낸즉 즐거워 어깨에 메고 집에 와서 그 벗과 이웃을 불러 모으고 말하되 나와 함께 즐기자 나의 잃은 양을 찾아내었노라 하리라 내가 너희에게 이르노니 이와 같이 죄인 한 사람이 회개하면 하늘에서는 회개할 것 없는 의인 아흔아홉으로 말미암아 기뻐하는 것보다 더하리라 _ 눅 15:1-7

이 비유에서 예수님은 무엇을 말씀하시는가? 예수님은 한 사람 한 사람의 귀함에 관해 말씀하신다. 우리는 한 번에 한 사람에게 설교하도록 부름받았다.

"매튜, 어떻게 그럴 수 있나요? 서른 명, 백 명, 3백 명 또는 5백 명이 예배에 참석해요. 어떻게 한 사람에게 설교한단 말이오?" 하고 당신은 말할 수 있다. 해돈 로빈슨은 말한다. "삶을 변화시키는 설교는 사람들에게 성경에 대해 말하지 않는다. 대신 그들 자신에 대해, 즉 그들의 의문, 상처, 두려움 그리고 성경과의 씨름에 대해 말한다.

우리는 중압감에 시달릴 수 있다. 성경을 해석하거나 특정 본문을 교인들의 삶에 어떻게 적용할지 생각할 때, 우리가 고려해야 할 사람이 너무나 많다. 각기각색 유형인 그들을 생각하면 정말 심한 중압감에 사로잡힐 수 있다. 때로 우리는 일반적이며 포괄적으로 설교한다. 모두 염두에 두지만, 사실상 그 어떤 개인에게도 초점을 맞추지 않는다.

과녁을 겨냥하는 것에 설교를 비유할 수 있다. 다트 게임을 할 때, 우리는 다트를 던질 때마다 과녁의 중심을 맞히려 한다. 이 비유에서, 예수님이 말씀하시는 한 마리 양에 우리 설교의 초점을 맞출 수 있는 방법 중 하나는, 한 개인에게 초점을 맞추는 것이다.

소프트웨어 엔지니어인 톰이라는 교인에 대해 생각해 보라. 한 주간 그에게 힘든 싸움은 무엇일까? 설교의 성경 본문에 대해 그가 제기할 물음은 무엇일까? 에콰도르에서 온 유학생 제니의 경우는 어떠한가? 그 학생이 힘겨워하는 것은 무엇일까? 제니는 성경 본문을 어떻게 이해할까? 은행원 매리나 편의점 주인 조지에 대해 생각해 볼 수도 있다. 그들의 상황은 어떠한가? 그들이 매일 힘들어하는 것은 무엇일까? 그들이 성경 본문을 읽을 때 제기하는 물음은 어떤 것일까? 이 본문이 그들의 삶에 어떻게 연관될까? 어느 목사는 '한 번에 한 사람을 제자로 삼는 것'이 자신의 사역 목표라고 말했다.

우리가 한 사람에게 설교하고 성경 해석과 예화를 그 사람에게 맞춘다는 것은 나머지 사람들을 도외시함을 뜻하지 않는다. 설교의 초점을 한 사람에게 맞출 때, 그 사람은 하나님의 임재를 자각하며 해당 본문을 통해 하나님의 손길을 경험할 수 있다. 나는 설교할 때 정기적으로 그렇게 하려고 노력한다. 한 개인에게 초점을 맞추며 "이 본문이 그 사람에게 어떻게 적용될까?" 하고 자문한다. 내가 그 개인에게 초점을 맞춤에도 불구하고 많은 교인들이 유익을 얻도록 하나님이 개입하신다는 것은 놀라운 일이다.

이번 주 설교에서 그렇게 시도해 보면 어떻겠는가? 한 번에 한 사람에게 설교하는 것에 대해 생각해 보라.

38

사람을 즐겁게 하는 설교는 위험하다
_ 스콧 M. 깁슨

나를 포함한 많은 설교자가 '사람을 기쁘게 하는' 설교자다. 사람들의 호감을 끌기 위해서는 무엇이든 한다. 우리는 사람들 앞에 서고, 때로 그들은 우리를 부추긴다.

당신이 설교단에 서면 청중은 당신을 판단한다. 당신을 좋아할지 말지를 결정한다. 그들은 당신이 성실한지 학식 있는 사람인지 판단한다. 당신이 격식 차리는 사람인지 아닌지, 준비를 갖춘 사람인지 아닌지 판단할 것이다. 설교자가 처음 설교단에 설 때, 이런 모든 사항이 청중의 생각을 스치고 지나간다.

이러한 판단에 대해 아는 것은 설교자에게 부정적인 영향을 미친다. 큰 교회든 작은 교회든, 당신은 교회 실권자의 간섭을 받거나 교인들 눈에 무기력한 사람으로 비칠 수 있다. 그럴 때 명성을 얻고자 하는 마음에서, 또는 깊은 인상을 남기고자 하는 마음에서 위험한 선택을 할 수 있다.

〈폴리애나〉(*Pollyanna*)라는 영화가 있다. 영화 속 설교자(칼 맬든이 맡은 배역)는 교회의 실권자일 뿐 아니라 지역사회 전체의 실권자인 폴리의 간섭을 받는다. 폴리 해링턴은 무슨 설교를 할지, 그리고 어떻게 설교할지를 일일이 알려준다. 그러다 한 사건이 일어난다. 폴리의 조카딸 폴리애나(헤일리 밀즈가 맡은 배역)가 폴리의 집에서 살게 된다. 폴리애나는 유쾌한 미소와 흥겨운 성격으로 지역사회를 환하게 만들었다. 폴리애나가 나무에서 떨어져 다치기 전까지 칼 맬든은 변화를 거부했다. 그러나 이제 모든 것이 달라지기 시작했다. 예전과는 달리 그는 지역사회의 힘 있는 자, 심지어 폴리 해링턴의 귀에 거슬리는 설교도 서슴지 않았다.

간섭받는 것은 위험하다. 간섭에 굴복하면 효과적인 설

교가 힘들어지기 때문이다. 우리가 우리 자신이 아닌 다른 어떤 사람이 된다. 그것은 누군가를 기분 상하게 하거나 해를 입힐까 봐 두려워, 본문의 진리를 적용하는 것을 머뭇거리게 한다. 분명 진리는 강력하다. 그러나 고통스러울 수 있다. 물론 설교자로서 우리가 앙심을 품고 적용하는 것은 아니다. 듣는 사람의 마음을 찌르는 본문도 있고, 긴장감 조성을 우려하며 사람들의 환심을 사고 싶어 그런 본문을 제외하기도 한다.

몇 년 전, 나는 미국 서부 해안에 있는 한 교회를 방문했다. 그 교회의 목사는 빌립보서 전체를 순서대로 설교해 나가고 있었다. 내가 참석한 주일에는 4장을 설교했다. 그 본문에서 바울은 유오디아와 순두게라는 두 여자 간의 긴장 관계를 풀게 하라고 교회에 당부한다. 그런데 설교자는 그 내용을 건너뛰었다. 유오디아와 순두게를 언급조차 하지 않았다. 아마 그는 여자들에 대해 말하고 싶지 않았을 것이다. 어쩌면 다툼에 대해 말하고 싶지 않았을지도 모른다. 그때 나는 '왜 이 문제를 다루지 않지?' 생각했다. 사람을 기쁘게 하려는 마음이 작용했을 수 있다. 회중 안에 긴장 관계가 존

재했을 수도 있다. 나는 당혹스러웠다.

우리는 은혜와 진리를 담은 하나님 말씀을 선포하는 사람으로 부름받았다. 그러니 주님 안에서, 주님의 권능 안에서 강하고 담대하라. 다른 사람의 생각을 우려하여 반드시 전해야 할 내용(성경 본문이 말하는 것)을 회피하지 말라. 그리고 당신이 사는 방식과 하나님 말씀을 교인들에게 설교하는 방식을 무디게 만드는 것을 허용하지 말라. 그리스도처럼 그들을 사랑하라. 은혜로써 사랑하라. 그러나 이 점을 기억하라. 사람을 즐겁게 하는 설교는 위험하다!

39

'교회에 나왔으면' 하는 사람들에게 설교하라

_ 제프리 D. 아더스

뉴욕에 있는 리디머장로교회의 팀 켈러 목사에게 조언받은 것을 소개하고 싶다. "교회에 나온 사람들뿐 아니라 당신의 교회에 나왔으면 하는 사람들에게도 설교하세요." 팀 켈러 목사의 말이다. 교회에 나오지 않는 불신자들에게 설교하라는 말은 터무니없거나 심지어 어리석게 들릴 수 있다. 켈러 목사는 왜 그런 제안을 했을까?

설교의 우선순위를 구도자(seeker)에게 둠으로써, 당신은 교회의 방향을 정할 수 있다. "와우, 이건 꼭 미셸을 위한 말씀이야. 얼마 전 우리가 이런 이야기를 나누었어." 예배에 참석한 '신자들'은 이렇게 생각할 것이다. 또는 이렇게 생각할 수도 있다. "길레르모가 질문했던 게 바로 이거야. 그가 이 설교를 들으면 좋았을 텐데." 그 신자들은 조만간 미셸과 길레르모를 초청할 것이다. 반면, 당신이 신실한 신자에게만 설교하면 그들은 이렇게 생각할 것이다. "미셸을 이 자리에 초청할 순 없어." "길레르모는 이 설교를 이해하지 못할 거야." 그러므로 '교회에 나왔으면' 하고 당신이 원하는 이들에게 설교하라. 그러면 마침내 그들이 올 것이다.

어떻게 하면 그럴 수 있을까? 해돈 로빈슨은 『강해설교』에서 "우리는 성경의 진리를 설명하고 입증하며 적용한다"고 말한다. 우리는 미셸과 길레르모에게 친숙하지 않은 것을 설명하고, 교인들만 아는 용어 사용은 피한다. 우리는 입증한다. 즉, 우리는 하나님의 요구와 명령이 타당함을 보이는 변증자다. 또 진리를 매일의 삶에 적용한다. 미셸이나 길레르모가 아이들을 돌보거나 식료품 가게에서 줄을 서거나 처리할 일 때문에 스트레스를 받는 상황에서, 그 진리가 어떻게 적용될지 생각해 본다.

당신이 '교회에 나왔으면' 하는 사람들에게 설교하라. 그리고 주님이 무슨 일을 하시는지 보라. 주께서 바로 그 사람을 오게 하실 것이다.

40

청중을 파악하라

_ 매튜 D. 킴

"연관성 있는 설교"(Preaching with Relevance)라는 책에서, 키스 윌하이트는 "회중의 관점에서 봄"이라는 주제에 대해 썼다. 그 책에서 그는 듣는 사람 관점에서 설교할 것을 당부한다. 우리의 설교를 듣는 사람은 누구인가?

교인들을 이해하라. 세 번째 신도석에 앉은 사람은 누구인가? 그 사람의 주요 관심사는 무엇인가? 그의 세계관은 어떠한가? 그는 성경을 어떻게 이해하는가? 특정한 그룹의 청중에게 필요한 메시지로 다듬기 위해, 우리는 그들을 알 필요가 있다. 그들의 힘겨운 싸움을 알아야 한다. 그들에게 꼭 필요한 것이 무엇인지 물어보고, 말씀을 그들의 상황에 적용할 방법을 찾을 필요가 있다.

이를 위해 윌하이트는 '청중 분석'이라는 방편을 제시한다. 대개 우리는 신도석에 앉은 교인들을 개괄적으로 분류한다. 주요 그룹이 주로 여성인가? 아니면 아예 남녀의 그룹으로 갈라져 있는가? 그들의 직업은 무엇인가? 이 사항을 파악함으로써, 우리는 다양한 유형의 사람들에게 적절한 적용과 예화를 들려줄 수 있다.

윌하이트는 청중 분석을 위한 다른 효과적인 접근법을 제시한다. 그의 제안 중 하나는, 청중의 영적 상태를 규정함으로써 그들을 신학적으로 분석하는 것이다. 먼저, '거듭나지 않은 사람들' 그룹이 있다. 이들은 그리스도를 알지 못하거나 기독교 신앙에 대해 의심하는 이들이다. 청중을 파악해 보라. 이 범주에 속한 사람은 얼마나 되는가?

두 번째 범주는 '거듭난 사람들' 그룹이다. 그리스도를 향한 열정이 있고, 그리스도를 알며, 영적으로 줄곧 성숙해 가는 이들이다. 그들의 영적 성향을 알면, 우리는 어떤 유형의 신학적 교리에 초점을 맞출 것인지 더 잘 판단할 수 있다.

또 우리는 청중의 연령대를 파악할 필요가 있다. 그들이 십대인지 장년층인지 파악하라. 그들의 재정 상황은 어떠한가? 거주지는 교회에서 어느 정도나 떨어져 있는가? 백인, 아프리카계 미국인, 히스패닉계 미국인, 아시아계 미국인은 각각 몇 퍼센트인가? 사무직과 노동직의 비율은 어떤가? 독신자나 미혼자 또는 이혼자는 각각 몇 퍼센트인가? 특정 정당을 지지하는 교인은 몇 퍼센트나 되는가? 교육 수준을 기준으로 그들을 분류할 수도 있다. 교회에서 자란 교인은 몇 퍼센트인가? 많은 사람이 교회에 다닌다. 그들은 동일한 메시지를 거듭 들어왔다. 그런데 하나님의 진리를 그들의 삶에 적용하는가?

신도석에 앉은 사람들을 파악함으로써 우리의 설교 사역이 향상될 수 있다. 내 설교를 듣는 이들은 누구인가? 그들에게 필요한 것은 무엇인가? 그들이 바라는 바는 무엇인가? 그들이 두려워하는 것은 무엇인가? 그들의 꿈은 무엇인가? 우리가 청중을 파악하려 할 때 이 같은 물음을 제기할 수 있다.

41

관용은 나약함이 아니다
_ 패트리샤 M. 바텐

우리 아이들은 슈퍼히어로를 좋아한다. "엄마가 제일 좋아하는 슈퍼히어로는 누구야?" 나는 종종 이 질문을 받는다. 물론 원더우먼이다. 주방 창턱에 2인치짜리 원더우먼 피규어가 서 있다. 마술 올가미와 얼음 같은 시선으로 범인을 체포한다. 이 모든 일을 붉은 하이힐 부츠를 신은 상태로 해낸다. 정말 멋지다.

만일 내가 곤경에 처하여 보호자의 도움이 필요하다면, 나는 원더우먼을 부를 것이다. 그러나 만일 그녀의 투명 제트엔진이 수리 중이거나 부츠 지퍼가 망가졌다면, 슈퍼맨,

배트맨, 스파이더맨 또는 젠틀이라도 괜찮을 것이다.

젠틀이라 … 잠시 기다려보라. 슈퍼히어로의 이름으로는 우습지 않은가? 젠틀이 어떻게 영웅 반열에 올랐을까? 그의 실제 이름은 네즈노다. 젠틀은 그의 별명인데, 이 점이 나를 더 불안하게 한다. 만일 '젠틀'이 그를 낳은 어머니가 붙여준 이름이라면 나는 이해할 수 있다. 그러나 이 사람은 그의 자상한 태도 때문에 젠틀이라는 별명을 얻었다.

나라면 위기 상황에서 젠틀이라는 이름의 슈퍼히어로를 의지하지 않을 것이다. 그런데 젠틀은 겁쟁이가 아니다. 사실, 그는 초강력의 힘을 지닌 인물이다. 아마도 마블세계에서 가장 강할 것이다. 그에게는 초강력이 있지만 폭력을 싫어한다. 그의 거대한 몸은 타투로 도배되어 있다. 이런 타투는 그의 힘을 제한하는 역할을 한다. 그러니 누구도 젠틀을 겁쟁이라 부르지 않을 것이다. 그의 힘은 조절된다.

빌립보서 4장 5절에서, 바울은 "너희 관용을 모든 사람에게 알게 하라"고 말한다. 온유한 사람은 큰 자제심을 보인다. 그것은 부드러운 인내이며, 자신의 힘을 자제하는 것이다. 영어성경 KJV는 이 구절을 "너희 절제를 모두에게 알게 하라"(Let your moderation be known to all)로 옮긴다. 자신의 요구사항을 토로하거나 주먹을 날리는 데는 자제심이 필요하지 않지만, 온유는 사려 깊은 반응을 요한다. 온유함을 보이기 가장 힘든 때는 다툴 때다. 교회리더들 사이에서나 가정에서 의견 대립이 있을 때는 온유하기가 힘들다. 자신의 권리를 내세우려 하기 때문이다. 그러나 관용은 자신의 권리나 바람이나 의견보다는 다른 사람의 것을 우선시한다.

바울은 "너희 의견을 모든 사람에게 알게 하라"고 말하지 않는다. "너희 관용을 모든 사람에게 알게 하라"고 말한다. 그는 '모든 사람'에게 알게 하라고 말한다. 이 표현은 우리에게 도전이 된다. '어떤 이들'에게 관용을 베푸는 건 쉬운 일이다. 그러나 교회 분쟁의 한가운데 있을 때 관용을 베풀기는 힘들다.

그러나 설교자는 관용의 메시지를 전해야 한다. 만일 당신의 설교 내용 중에 거칠고 모난 부분이 있다면, "너희 관용을 모든 사람에게 알게 하라"는 하나님 말씀을 기억하라.

최근에 한 여성이 자신에게 관용이 결여되어 있음을 고백했다. "나는 전혀 온유하지도 상냥하지도 않아요." 그녀의

성인이 된 딸도 엄마의 말에 동의했다.

상대적으로 관용의 성향이 더 많은 이들이 있다. 그러나 성경은 모든 사람에게 관용을 베풀라고 모든 그리스도인에게 명한다. 만일 우리의 본성이 온유하지 않다면 우리가 어떻게 그 명령을 지킬 수 있을까? 온유는 성령의 열매다. 우리 스스로 그것을 만들어낼 수는 없다. 그것은 하나님이 성령을 통해 우리 안에 조성하시는 그 무엇이다. 하나님은 거친 심령에 온유한 영을 불어넣으실 수 있다.

앞에서 언급한 여성의 경우도 마찬가지였다. 우리가 대화하고 있는데 한 집사가 지나가다가 우리 이야기를 들었다. 30년 동안 교회 재정을 맡았고, 그 여성을 잘 아는 사람이었다. 그는 걸음을 멈추고는 그녀를 보면서 말했다. "저는 자매님을 오래 전부터 알고 있어요. 자매님은 예전처럼 거칠지 않아요. 변하셨어요."

우리는 성령으로 온유해져야 한다. 설교에서, 우리의 관용을 모든 사람에게 알게 해야 한다. 관용은 나약함이 아니다!

42

돈에 대해 설교하라

_ 해돈 W. 로빈슨

그리스도인이 들어야 하고, 설교자가 설교해야 하는 주제 중 하나가 돈에 관한 것이다. 이따금 목사가 돈에 대해 설교하기 시작하다가 사과하는 경우가 있다. 교회가 어떤 프로젝트를 진행 중일 때 목사는 말한다. "제가 좋아하는 주제는 아닙니다만, 그리스도인이 자신의 돈으로 무엇인가 해야 한다는 사실을 인정할 필요가 있다고 생각합니다."

돈에 대해 설교하기 가장 좋은 때는 돈에 대해 설교할 필요가 없을 때다. 자금을 모으지 않고 있을 때다. 복음서에

보면, 예수님은 자신을 따르는 자와 따르지 않는 자를 하나님의 제자와 돈의 제자에 빗대어 말씀하신다. 그리스도인은 하나님과 돈을 함께 섬길 수 없다. 만일 하나님을 섬기기로 결심한다면, 하나님나라를 위해 돈을 사용한다. 반대로 돈을 섬기기로 결심한다면, 마치 추운 겨울밤에 뜨거운 보온병을 이용하듯 하나님을 이용할 것이다.

만일 우리가 돈이라는 주제에 대해 솔직하게 그리고 성경적으로 말하지 않는다면, 교인들에게 신실하지 못한 것이다. 단지 교회 지붕을 보수해야 한다는 이유로 돈에 대해 설교해서는 안 된다. 우리가 돈에 대한 설교를 정기적으로 해야 하는 것은, 하나님을 향한 새로운 마음이 교인들에게 필요하기 때문이다.

우리는 돈에 대한 자신의 믿음을, 그리고 돈에 대해 하나님이 어떻게 말씀하시는지를 깊이 생각해 보아야 한다. 날을 잡아 복음서나 서신서에서 돈에 대해 어떻게 말하는지 살펴보라. 성경에 따르면, 돈은 어떤 기금을 위한 것이 아니라 영원한 친구를 얻게 하는 것이다. 솔직히 말해, 만일 자신이 가진 돈을 그리스도의 나라에 투자하지 않는다면, 당신은 그리스도를 진정으로 신실하게 따르는 사람이 아니다.

그리스도의 나라를 위해, 교인들을 위해, 당신 자신을 위해 돈에 대해 설교하라. 성경의 문맥에서 돈에 대해 설교하라. 돈에 대한 설교는 그리스도를 따르는 모든 이들의 의무다. 당신이 봉헌에 대해 설교할 때, 당신은 당신 자신을 드리고 있음을 더욱 확신할 수 있다. 돈에 대해 설교하라!

43

거듭 상기시켜야 할 것이 있다
_ 제프리 D. 아더스

C. S. 루이스가 쓴 『은의자』(*The Silver Chair*, 시공주니어)에서, 아슬란은 질에게 명한다. "잃어버린 왕자를 찾아서 그의 아버지 집에 데려가라. 그렇게 하지 못할 경우에는 차라리 죽어라." 질은 말한다. "어떻게요? 제가 어떻게 그 일을 하죠?"

아슬란은 질에게 네 가지 사항을 기억하게 한다. 그것은 구체적인 지침과 일반적인 원리지만, 질의 원정을 위해 필요한 내용을 충분히 담았다. 아슬란은 질을 보내면서 당부한다. "이 사항을 기억하고 또 기억해라. 아침에 일어날 때,

밤에 잠자리에 누울 때, 그리고 밤중에 잠에서 깰 때 자신에게 말해라. 어떤 이상한 일이 네게 일어나더라도 그 사항을 잊지 말아라. 질, 네게 경고한다. 나는 이 산에서 네게 분명히 말했다. 아래 나니아 세계에서는 내가 자주 그러지 않을 것이다. 산 위에는 공기가 깨끗하고 네 정신이 맑다. 나니아로 내려가면 공기가 탁할 것이다. 그로 인해 네 생각이 혼탁해지지 않도록 주의해라. 앞에서 말한 이 사항들을 기억하고 그것을 믿어라. 다른 것은 중요하지 않다."

내가 『은의자』에 나오는 이 일화를 언급하는 이유가 무엇일까? 사람들에게 상기시켜야 할 것이 필요하다는 것을 상기시키기 위해서다. 우리 신앙의 초석을 교인들에게 계속 제시하라. 그들에게 거듭 말하라. "하나님이 여러분을 사랑하십니다." "하나님이 여러분을 구속하셨습니다." "우리는 가족입니다." "여러분의 이름이 하나님의 손바닥에 기록되어 있습니다." "하나님이 여러분을 어린 양처럼 인도하십니다." "심판의 날이 다가오고 있어요." 당신의 설교를 듣는 사람 대부분이 이 개념을 이미 들어보았겠지만, 상기시키는 일은 우리의 길을 밝히는 아름다운 해돋이와 같다.

영혼돌보미로서 당신이 할 일 중 하나는, 안개 낀 세상을 헤쳐나가는 데 도움이 될 신앙의 핵심 진리를 신자들에게 상기시키는 것이다. 따라서 오래된 옛이야기 말하는 것을 주저하지 말라. 신자들에게 거듭 상기시켜야 한다.

44

좋은 설교자는
쓰레기통을 잘 활용한다

_ 매튜 D. 킴

한때 워렌 위어스비 목사는 "좋은 설교자는 쓰레기통을 잘 활용한다"고 했다. 이것은 설교를 쓰레기통과 연결시키는 익살맞은 표현이다.

당신은 설교에 많은 수고를 쏟아붓는다. 그런데 그 모든 정성을 왜 쓰레기통과 연결시킬까? 어떤 이들은 성경 주해를 위해 10시간, 12시간, 15시간, 심지어 20시간을 할애한다. 우리는 성경 기록 당시와 오늘날의 언약 백성에게 주시는 하나님의 말씀을 연구한다. 단어를 공부하고, 문장을 도해하며, 원문을 번역한다. 또 매주 하나님 말씀에서 소중한

지혜를 찾는다. 이 일을 소홀히 할 수 없다.

나와 함께 일한 젊은 목사가 있었다. 나는 그를 매우 좋아했다. 그는 외향적인 성격이었고, 가능한 한 모든 내용을 설교 한 편에 다 넣으려 했다. 우리가 빠질 수 있는 위험 중 하나는 하나님 말씀에서 얻은 모든 것, 즉 모든 좋은 예화와 모든 좋은 단어와 주해가들의 모든 통찰을 한 설교에 집어 넣으려는 것이다.

그런 식으로 작성한 설교문은 생기가 없을 수 있다. 분명한 목적을 전해 주지 못하기 때문이다. 가장 효과적인 설교는 전하고자 하는 메시지를 정확히 전달하는 것이다. 분명한 타깃이 있다. 우리가 연구한 모든 것을 설교에 집어넣으면, 그것은 유익하고 좋은 자료일 수는 있다. 그러나 설교를 듣는 사람들에게 그 모든 것이 필요하지는 않다.

설교문 작성은 글쓰기다. 좋은 글쓰기는 좋은 편집기술이라는 말을 들은 적이 있다. 설교 원고를 작성하느라 우리가 얼마나 많은 시간을 할애하는가? 설교문을 작성하면 우리는 설교의 흐름을 알 수 있다. 어떻게 요점을 순서대로 하나하나 전달해 나갈지를 본다. 하부요점들 간의 관계를 본다. 포함시킬 필요가 있는 예화와 단어를 본다. 설교 원고를 작성하면 핵심 주제와 무관한 것, 추가할 필요가 있는 것을 볼 수 있고, 심지어 또 다른 설교 메시지를 위해 남겨두는 것이 가장 좋은 중요한 요소를 결정할 수도 있다.

30분 설교에 우리가 배운 모든 것을 넣을 수는 없다. 하나님이 우리를 통해 청중에게 전하고 싶어하시는 것이 무엇인가? 핵심 진리가 무엇인가? 설교에 포함시켜야 할 감동적인 예화는 무엇인가? 교인들의 삶에 적용할 수 있는 내용은 무엇인가? 성경 기자들이 이해했던 진리는 무엇인가? 만일 그것이 그날의 설교에서 중요한 내용이 아니라면, 우리는 그것을 제외시킬 수 있다. 다음 주일도 기다리고 있다. 우리가 공부한 내용을 모두 한 설교에 담으려고 애쓸 필요는 없다. 워렌 위어스비의 말이 옳다. 좋은 설교자는 쓰레기통을 잘 활용한다!

45

한 번 잘못을 지적하려면
열 번 칭찬하라

_ 해돈 W. 로빈슨

내가 신학교 학장직을 맡고 있지만, 신학교 운영 전체에 대해 잘 아는 건 아니다. 그러나 내가 배운 것 한 가지는, 리더가 사람들의 잘못을 지적하기보다는 그들의 장점을 더 자주 언급해야 한다는 것이다. 만일 목회자가 교인들이 하는 일을 칭찬하지 않는다면, 그들을 비판할 때 그들의 마음을 상하게 하기 쉽다.

나는 아들과 딸을 둔 아빠지만 자녀 양육에 대한 전부를 잘 아는 건 아니다. 그러나 아이들을 키우며 알게 된 것이 있다. 한 번 잘못을 지적하기 위해서는 열 번 칭찬해 주어야 한다는 것이다. 그들이 무엇을 잘못하고 있는지 말하는 것보다 그들이 무엇을 잘하고 있는지 더 자주 말해야 한다. 이 원칙을 지키지 않으면 아이들과 한 팀이 되지 못할 것이다.

설교도 마찬가지다. 설교자로서 교인들의 부족한 점과 잘못을 지적하기도 하지만, 이것은 성경적인 방식이 아니다. 바울 서신에서(예, 데살로니가전서), 바울은 신자들이 잘하고 있는 점, 그리고 그들의 사례가 1세기의 다른 교회에 본보기가 된다는 점을 많이 언급한다.

우리는 설교할 때도 그렇게 할 필요가 있다. 어떤 덕목에 대해 말할 때, 부정적인 사례보다는 긍정적인 사례를 언급하는 것이 중요하다. 즉, 불친절하거나 겁 많은 사람보다는 친절하고 용기 있는 사람에 대해 언급하는 것이 좋다. 잠시 말을 멈추고 "교우님들 중에 누가 이 일을 잘하시죠?" 하고 물어도 좋을 것이다. 그러고 나서 질문에 해당하는 사람을 교인들에게 알려줄 수도 있다. 물론 사전에 그 교인의 양해를 구해야 할 것이다.

그러나 종종 우리는 교인들을 낙담케 한다. 성경에서 찾은 기준과 하나님의 도우시는 능력에 대해 사람들에게 말한다. 다음 주에는 그 기준을 높인다. 얼마 후 교인들은 낙심한다. 그러나 하나님은 그들 가운데서 일하신다. 그들의 삶 속에서 일하신다. 그들이 협력할 때 하나님이 일하신다.

따라서 지혜로운 리더와 좋은 목사는 교인들이 잘못하는 것보다는 그들이 잘하는 것을 더 자주 말한다. 자녀를 양육하는 방식은 교회에서 그리스도인을 양육하는 데도 그대로 적용된다. 한 번 잘못을 지적하려면 열 번 칭찬하라. 다음에 설교할 때 그렇게 시도해 보라. 잘못하고 있는 사람보다 잘하고 있는 사람을 교인들에게 알려주라.

46

2층 좌석으로 올라가보라

_ 패트리샤 M. 바텐

"YES를 이끌어내는 협상법"(*Getting to Yes*)이라는 책에서, 윌리엄 유리는 '2층 좌석으로 가볼 것'에 대해 말한다. 그는 2층 좌석을 "관점을 비유하는 말로, 꼭 해야 할 일에 시선을 고정할 수 있는 장소"라고 묘사한다. 설교자는 종종 설교단에서 내려와 2층 좌석으로 올라갈 필요가 있다.

우리 교회는 나선형 나무계단을 통해 2층 좌석으로 올라간다. 그곳에서 나는 새의 눈으로 아래를 훑어본다. 이리저리 움직이는 아이들, 가만히 앉아있는 노인들, 흰 머리, 회색

머리, 금발 머리, 빨간 머리, 길게 땋은 갈색 머리 그리고 대머리가 보인다.

성소 중앙에 십자가가 있고, 부드러운 붉은 커튼이 쳐있다. 십자가 아래 설교단이 있다. 실내의 페인트칠은 벗겨졌고, 커튼은 먼지투성이다. 몇몇 전구도 교체해야 한다. 2층 좌석에서 나는 더 큰 그림, 즉 교인들과 십자가와 설교단을 본다.

때로 우리는 2층 좌석에서 내려다볼 필요가 있다. 우리는 프로그램과 목회 사역의 핵심이 되는 일에 골몰할 때가 많다. 그러나 더 넓은 시각은, 예수 그리스도의 복음을 절실히 필요로 하는 이들에게 전해야 한다는 사실을 우리에게 상기시킨다.

설교자로서 당신에게 새로운 관점이 필요한가? 2층 좌석으로 올라가보라. 그곳에서 당신은 예수 그리스도의 복음을 절실하게 필요로 하는 이들에게 그것을 전해야 하는 핵심 과제를 상기하게 될 것이다.

47

청중을 바로잡기 전에 먼저 칭찬하라

_ 매튜 D. 킴

설교자는 설교의 시작과 끝에서 교인들의 잘못된 부분을 바로잡으려는 유혹을 받는다. 디모데후서 3장 16-17절에서 바울은 "모든 성경은 하나님의 감동으로 된 것으로 교훈과 책망과 바르게 함과 의로 교육하기에 유익하니 이는 하나님의 사람으로 온전하게 하며 모든 선한 일을 행할 능력을 갖추게 하려 함"이라고 말하지 않았는가? 그래서 우리는 설교를 바르게 함과 책망과 의로 교육하는 내용으로 시작하고 마치려 한다. 책망을 통해 교인들의 무감각을 흔들 필요가 있다고 생각하는 것이다.

설교자의 임무가 가르치고 책망하고 바로잡고 의로 교육하며 선한 일을 행하게 하는 것이지만, 모든 설교를 엄한 훈계로 시작할 필요는 없다. 설교를 시작하면서 청중을 바로잡으려 하기 전에 그들을 칭찬할 때, 설교자는 더 온유해질 수 있다. 요한계시록 특히 아시아의 일곱 교회에 보낸 예수님의 메시지를 보면, 예수님이 항상 질책하며 바로잡는 일을 서두르지 않으셨음을 알 수 있다. 사실, 예수님은 종종 칭찬으로 시작한 후 바로잡는 말씀을 하셨다.

예컨대, 예수님은 에베소교회에 말씀하셨다. "내가 네 행위와 수고와 네 인내를 알고 또 악한 자들을 용납하지 아니한 것과 자칭 사도라 하되 아닌 자들을 시험하여 그의 거짓된 것을 네가 드러낸 것과 또 네가 참고 내 이름을 위하여 견디고 게으르지 아니한 것을 아노라 그러나 너를 책망할 것이 있나니 너의 처음 사랑을 버렸느니라 그러므로 어디서 떨어졌는지를 생각하고 회개하여 처음 행위를 가지라"(계 2:2-5). 칭찬하고 나서 바로잡으라.

예수님은 버가모교회에도 그리 하셨다. "네가 어디에 사는지를 내가 아노니 거기는 사탄의 권좌가 있는 데라 네가 내 이름을 굳게 잡아서 내 충성된 증인 안디바가 너희 가운데 곧 사탄이 사는 곳에서 죽임을 당할 때에도 나를 믿는 믿음을 저버리지 아니하였도다 그러나 네게 두어 가지 책망할 것이 있나니"(계 2:13-14).

두아디라교회에도 그렇게 말씀하셨다. "내가 네 사업과 사랑과 믿음과 섬김과 인내를 아노니 네 나중 행위가 처음 것보다 많도다 그러나 네게 책망할 일이 있노라 자칭 선지자라 하는 여자 이세벨을 네가 용납함이니"(계 2:19-20). 먼저 칭찬하고 나서 의로 바로잡으라.

예수님이 항상 이 형식을 따르신 것은 아니지만, 우리가 청중을 바로잡기 전에 먼저 칭찬하는 것에 대해 말할 것이 있다. 우리는 태도를 바꾸어야 한다. 우리 교회의 좋았던 첫 모습이 흐릿해지기 시작하던 때가 기억난다. 우리 교회가 각종 사역으로 몹시 분주한 때였다. 하나님을 향한 열망이 결여되고, 무감각한 모습이 매주 노출되기 시작했다. 나도 모르게 질책의 폭탄을 쏟아붓는 설교를 하고 있었다. 시종일관 그런 내용일 때도 있었다. 어느 주일, 한 교인이 별 일 없는지 내게 물었다. "예, 좋아요." 나는 말했다. "그런데 왜 우리에게 화를 내세요?" 그날 나는 큰 교훈을 얻었다. 사람들은 자신이 어떻게 변해야 하는지 알기 전에, 자신이 사랑받고 있음을 알아야 한다. 우리는 청중을 책망하고 바로잡으며 의로 교육하기 전에, 하나님께 신실한 그들의 모습을 먼저 칭찬해야 한다. 그렇게 해보라. 청중을 바로잡으려 하기 전에 먼저 칭찬하라!

48

청중이 성경 구절을
직접 찾게 하라

_ 매튜 D. 킴

        설교자가 성경의 장절을 알려주는 경우가 얼마나 될까? 내러티브를 설교하거나 서신서를 설교할 때조차, 우리는 성경 본문을 대략적으로만 언급할 수 있다. 우리는 성경 기자가 말하고자 한 내용을 설명한다. 성경 내용을 뚜렷이 떠올리게 하기 위해 근사한 이미지들을 동원하기도 한다. 그러나 우리는 설교하면서, 성도들이 성경을 찾아보게 하지 않는 습관에 빠질 수 있다. 성경 본문을 언급하라. 본문이 무엇을 말하는가? 성경의 장절을 구체적으로 알려주고, 사람들을 성경으로 안내하라. 설교 본문 말씀을 읽게 하라. 성도들은 성경 말씀을 볼 필요가 있다.

과학기술 시대에 사는 사람들은 성경책을 지참하지 않으려 한다. 스마트폰이나 태블릿 PC로 성경을 읽을 수 있다는 사실에 만족하려 한다. 그런 것을 이용해 언제든 성경 본문을 읽을 수 있다. 그러나 성경책을 교회에 들고 와 특정 본문을 찾는 데서 얻는 유익이 있다. 청중 스스로 하나님 말씀을 찾아서 읽도록 도우라. 그것을 읽고 묵상하게 하라. 지면에 기록된 하나님 말씀을 보게 하라.

그렇게 하는 방법 중 하나를 알려주겠다. "우리 함께 4절을 봅시다." 이렇게 말하는 것이다. 이것은 하나님 말씀에 대한 경외감을 북돋운다. 성경은 하나님의 말씀이다. 단순한 이야기가 아니다. 하나님의 백성에게 주신 사랑의 편지다. 하나님은 시편 119편에서 말씀하시듯, 우리에게 말씀 묵상할 것을 당부하신다. 하나님의 백성은 말씀을 묵상해야 한다. 하나님 말씀의 그 풍성함을 숙고해야 한다. 이 말씀은 그들에게 생명을 준다. 그들의 삶을 인도한다. 그것은 우리 발의 등이며 우리 길의 빛이다. 우리 손에 성경책이 들려 있을 때, 우리는 하나님 말씀에 대한 경외심을 느낀다.

성경을 잘 모르고 관심 없는 성도가 많지만, 우리는 그들이 성경과 친숙해지도록 도와야 한다. 설교 중에 성도들에게 성경 본문을 자주 찾게 하는가? 요엘이나 하박국 같은 선지서, 심지어는 자주 전하는 사복음서 중 하나가 어디에 있는지 모르는 성도도 있다. 그들로 하여금 성경의 특정 본문을 찾아 그 본문이 자신에게 주는 감명을 느끼게 하라. 예수님이 하나님나라를 겨자씨에 비유하신 것은 어떤 의미에서였을까? 성도들에게 해당 본문을 읽게 한 후 이렇게 말하라. "이 본문을 읽고 묵상해 보세요. 이 구절에서 하나님이 우리에게 말씀하시고자 하는 것이 무엇인지 깊이 생각해 보세요." 성도에게 하나님 말씀에 대한 열정과 사랑을 북돋는 방법 중 하나는, 성경 구절을 직접 찾아보게 하는 것이다!

49

설교자는 영혼을 보살피는 사람이다

_ 제프리 D. 아더스

히브리서 13장 17절은 "너희를 인도하는 자들에게 순종하고 복종하라 그들은 너희 영혼을 위하여 경성하기를 자신들이 청산할 자인 것 같이 하느니라"고 말한다. 목사는 영혼을 보살피는 사람이다. "경성하기를"에 해당하는 헬라어 동사는 '깨어 있다' 또는 '빈틈없이 경계하다'는 뜻이다. 목사는 양떼의 영적 안녕을 위해 부지런히 보살펴야 한다. 히브리서의 배경을 알면 본문을 이해하는 데 도움이 된다. 당시의 유대인 그리스도인들은 복음에서 떨어져 나갈 위험에 처해 있었다. 그들은 희생제사와 율법과 제사

장직 같은 옛 방식으로 돌아가려는 유혹을 받았다. 그래서 히브리서 기자는 지역교회 리더들이 신자를 도와 그리스도와 새 언약을 믿는 믿음을 지키게 했다. 지역교회 리더에게는 복음에서 멀어지지 않도록 교인들을 도울 책임이 있다.

목사는 영혼을 보살피는 자다. 교인들의 영혼을 살핀다. 마치 보이스카우트가 모닥불을 지키듯 영혼을 돌본다. 우리는 그 불이 타오르도록 지킨다. 병사가 불침번을 서듯 우리는 영혼을 보호한다. 목사는 영혼을 지키는 보초의 의무를 지고 있다. 당신은 설교할 때 그런 식으로 하는가? 세상과 육신과 마귀와 싸우면서 영혼을 지키는가? 영혼을 살피며 돌보는가? 이것이 우리의 엄중한 소명이다.

목회는 영혼을 보살피는 일이며, 이는 설교와 리더십이 불가분적으로 연결되어 있음을 시사한다. 히브리서 13장 17절은 목사가 아니라 교인에게 주어진 당부다. 교인들은 자신을 "인도하는 자들에게 순종하고 복종"해야 한다. 여기서 우리는 설교자에게 권위가 있음을 본다. 교인들은 영적 리더에게 복종해야 한다. 사람들은 복종을 좋아하지 않는다. 그러나 히브리서 본문은 "너희를 인도하는 자들에게 순종하고 복종하라 그들은 너희 영혼을 위하여 경성하기를 자신들이 청산할 자인 것 같이 하느니라"고 말한다.

이것은 목사에게 책임이 있음을 시사하는 말씀이기도 하다. 목사는 신실한 청지기 역할을 감당해야 한다. 그 역할을 잘 감당한 사람에게는 상급이 주어진다.

히브리서 본문을 다시금 명심하자. "너희를 인도하는 자들에게 순종하고 복종하라 그들은 너희 영혼을 위하여 경성하기를 자신들이 청산할 자인 것 같이 하느니라." 설교자는 영혼을 보살피는 사람이다.

50

설교자는 문화를 조성할 수 있다
_ 매튜 D. 킴

교회마다 독특한 문화가 있다. 목사로서 우리는 자기 교회의 문화를 알 필요가 있다.

"문화 만들기: 우리의 창조 소명 회복하기"(*Culture Making: Recovering Our Creative Calling*)에서, 앤디 크라우치는 문화가 단지 준수되는 그 무엇이 아니라 창조되는 것이라고 말한다. 각 사회와 단체와 교회의 구성원이 문화를 만든다. 문화는 우리를 온통 둘러싸고 있다. 그러면 우리 교회를 지배하는 문화는 무엇인가? 그것에 대해 생각해 본 적이 있는가? 교회의 문화는 교인들의 음악적 취향이나 정치적 견해 또는 인종 구성은 물론이고, 그들의 관심사와 추구하는 바와 꿈에 대한 것도 포함한다. 그들 자신을 위한 것일 뿐 아니라 하나님나라를 위한 것이기도 하다.

내가 콜로라도의 한 교회에서 목회할 때, 교인들이 걸핏하면 예배에 지각했다. 예배는 정오에 시작했지만, 교인들은 12시 3분, 12시 10분, 12시 15분, 심지어는 12시 25분에 예배당에 들어왔다. 그것은 문화였다. 지각 문화였다. 어느 날 방문자들이 예배당에 왔을 때, 그 문제가 표면화되었다. 12시 6분을 지나고 있었다. 내가 시계를 보고 있는데, 방문자들이 물었다. "이 교회의 예배 시작 시간은 12시 아닌가요?" 내가 무안해하며 말했다. "네, 맞아요. 교인들이 어디쯤 오고 있는지 모르겠네요…"

나는 그 기회를 통해 교회를 공개적으로 바로잡기로 결심했다. 기도하던 중에, 나는 우리 교인 중 다수가 지각 습관에 젖어 있음을 알게 되었다. 나는 설교 시간에 그 주제를 거론하기로 결심했다. 예배 때 우리의 최선을 하나님께 드리자는 내용으로 설교했다. 우리가 대통령을 만난다면 어떤 자세로 임하겠느냐며 예화를 제시했다. 대통령을 만날 때

지각하겠는가? 그렇지 않을 것이다. 일찌감치 약속 장소에 나가 있을 것이다. 대통령에게 할 말도 미리 연습할 것이다. 그 만남을 위해 준비할 것이다.

나는 주일예배에 어떤 마음으로 임할지 생각해 볼 것을 청중에게 당부했다. 우리는 경외심을 가지고 예배에 참석하는가? 하나님께 합당한 영광을 돌리고 있는가? 예배 때 우리의 최선을 하나님께 드리는가? 나는 설교를 활용해 지각 문화를 지적했다.

우리의 사역에서 문화를 조성하는 또 다른 방법은 모범을 보이는 것이다. 말을 실천으로 옮기라. 한번은 내가 교회 휴게실에서 아이들이 흘려놓은 빵부스러기를 치우고 있었다. 그때 한 교인이 다가와 물었다. "왜 담임목사님이 청소를 하세요?" 그것은 가르침을 제시할 수 있는 절호의 기회였다. "제가 담임목사이기 때문에 교회를 청소하는 거예요." 나는 이렇게 대답했다.

우리는 설교를 통해 문화를 조성하지만, 우리가 전하고자 하는 것의 모범을 보임으로써도 그리 한다. 교회 청소가 내게 맡겨진 임무는 아니다. 그러나 그것은 내가 교회를 위해 모범을 보이고 싶은 일이었다. 목사도 봉사에서 예외일 수 없다. 우리는 다른 무엇보다도 섬기는 자들이다.

끝으로, 우리는 기도를 통해 문화를 조성할 수 있다. 우리는 기도하는 사람이길 원한다. 하나님을 경외하고, 하나님을 높이며, 하나님께 영광 돌리는 문화가 되도록 기도한다. 우리는 관용의, 사랑의, 봉사의, 예배의, 하나님께 영광 돌리는, 사람들을 그리스도께 데려오는, 그리고 성숙한 제자가 되도록 그들을 돕는 문화를 조성하기를 원한다. 하나님께 영광 돌리는 교회 문화를 조성하라!

51

여호와를 힘입으라

_ 제프리 D. 아더스

목사의 삶은 고단하다. 교인들은 목사가 총알보다 빠르고, 기관차보다 튼튼하며, 높은 빌딩도 단번에 뛰어넘을 수 있기를 기대한다. 그러나 그런 능력을 지닌 사람은 아무도 없다. 교인들의 기대에 부응하지 못할 때 비판이 따르지만, '여호와를 힘입으라'는 한 가지를 기억하라. 하나님의 약속을 자신에게 상기시킴으로 격려와 소망을 얻으라.

나는 사무엘상 30장에 나오는 다윗 이야기에서 그 개념을 찾는다. 다윗은 사울을 피해 달아날 때, 불만을 품은 자

수백 명을 모아 게릴라 부대를 만든다. 그들이 이스라엘의 접경지대를 지키고 있을 때, 아말렉인들이 다윗 일행의 근거지인 시글락을 불사르고 그들의 아내와 자녀를 붙잡아간다. 성경에 따르면, 시글락으로 돌아온 다윗 일행은 울 기력이 없을 정도로 소리 높여 울었다고 한다. 더 이상 악화될 수 없는 상황에서, 다윗과 함께한 사람들이 다윗을 원망하며 돌로 치려한다. 그 절박한 처지에서, 다윗은 그의 하나님 여호와를 힘입고 용기를 얻는다(삼상 30:6). 목회가 힘들 때 여호와를 힘입으라.

그렇게 하려면 어떻게 해야 할까? 하나님의 약속을 상기하라. 하나님의 약속을 암송하고 상기하고 반복해서 말하며 묵상하라. 지옥의 문은 하나님의 교회를 이기지 못할 것이다. 설령 산들이 흔들려도, 하나님은 "나는 여호와니라"고 우리에게 말씀하신다. 설령 바다가 요동하고 산이 밀랍처럼 녹아도, 하나님은 어제나 오늘이나 영원토록 동일하시다. 설령 땅의 장막이 무너져도, 우리에게는 쇠하지 않는 천상의 장막이 있다. 설령 우리의 믿음이 약해져도 하나님은 여전히 신실하시다. 주님의 재림을 사모하는 이들을 위해 면류관이 예비되어 있다. 하나님은 결코 우리를 떠나거나 버리지 않을 것을 약속하셨다. 그러므로 목회가 힘들 때, 여호와를 힘입으라!

52

현대 설교의 병폐는 인기 추구다

_ 스콧 M. 깁슨

우스터, 버밍햄, 옥스퍼드 등지의 주교를 지낸 찰스 고어는, 한 세기 전에 "현대 설교의 병폐는 인기 추구"라고 썼다.

우리의 사역을 훼방하는 병폐가 있다. 우리는 호감 얻기를 좋아한다. 주목받는 것을 좋아한다. 떠받들어주길 좋아한다. 우리 자신을 그리스도보다 앞세우는 것은 문제다. 나는 현대 설교의 병폐가 인기 추구라고 한 고어 주교의 말이 옳다고 생각한다. 소비자 중심의 문화에서 스타파워를 추구하는 사람들을 많이 만난다. 스타 설교자들이 TV, 인터넷,

컨퍼런스 그리고 각종 책과 잡지에 등장한다. 이 설교자들은 연단에 서서 칭송받으며, 심지어 숭배 대상이 되기도 한다. 우리는 자존(self-importance)의 문화에서 살고 있다. 우리는 설교자로서 이러한 도전을 감지한다.

우리는 종종 자신의 능력을 믿는다. 예배가 끝나면 누군가 우리에게 다가와서는, 우리가 멋졌다느니 설교가 너무 좋았다느니 말한다. 그 순간 인기의 병균이 우리 영혼 속에 뿌리내리기 시작한다.

21세기는 유명인을 추종하는 경향이 팽배하다. 사람들이 스타파워에 이끌리는 경향은 새로운 현상이 아니다. 사람들은 늘 스타에게 찬사와 환호를 보내왔다. 이스라엘도 왕을 갈망했다. 그렇게 해서 세워진 왕은 궁극적 왕이신 하나님을 멀리했다. 첫 왕인 사울은 다음 왕 후보자인 다윗과 비교되었다. 다윗이 골리앗이라는 블레셋 사람을 물리친 후, 군중의 마음은 젊고 잘생긴 승리자에게로 향했다. "사울이 죽인 자는 천천이요 다윗은 만만이로다"(삼상 18:7)라며 그들은 노래했다. 유명인 추종이 시작된 것이다.

통속적인 문화에서는 인기 요소가 설교자 자격요건의 일

부가 된다. 물론 루터, 칼빈, 휫필드, 웨슬리, 에드워즈, 스펄전 등은 인기 있는 설교자다. 이외에도 얼마든지 많다. 1893년 설교에 대한 강의에서, 로버트 F. 호튼은 탄식했다. "나는 무엇보다도 인기의 위험에 대해 경고하고 싶습니다. '인기 있는 설교자'라는 말은 설교자를 근심스럽게 합니다. 설교자가 인기와 무슨 상관이 있나요? 제자가 주님을 본받는 것만으로 충분하지 않나요?"

호튼은 중대한 물음을 우리에게 제시한다. 우리의 동기에 대해 생각하게 한다. 우리가 설교하는 목적은 무엇인가? 우리가 섬기는 이유는 무엇인가? 우리가 행하는 일의 목적은 무엇인가? 그것은 인기를 얻기 위함이 아니다. 인기는 안개와 같으며, 우리가 알아차리기도 전에 사라질 것이다. 사울의 경우가 그랬다. 그는 온 세상을 다 차지했다고 생각했지만, 사실은 그렇지 않았다. 설교자도 유사한 경험을 한다. 그들은 인기를 타고 날아올랐다가 자신의 기만으로 추락한다. 우리의 소명은 우리 주님보다 커지는 것이 아니라 그분을 따르는 것이다. 우리의 소명은 우리가 전적으로 주님에게 의존할 수밖에 없음을 인식하는 것이다. 모든 영광과 찬양과 존귀를 받으시는 분은 우리가 아니라 주님이기 때문이다.

우리는 고어 주교의 말을 명심할 필요가 있다. 하나님 말씀을 설교하는 우리는 하나님보다 앞서 있으면 안 된다. 우리의 임무는 이 세대에게 하나님이 어떤 분인지를 선언하는 것이다. 현대 설교의 병폐는 인기 추구다!

53

초빙 설교는 추측게임이 아니다

_ 매튜 D. 킴

때로 혹은 정규적으로, 설교자는 다른 교회에서 설교를 부탁받을 수 있다. 이를 가리켜 초빙 설교라 한다. 어느 곳에서든 말씀을 설교하는 것은 영예로운 일이다. 그러나 다른 회중에게 하나님 말씀을 전하는 것은 조심스러운 일이다. 초빙 설교는 가볍게 여길 일이 아니다.

초빙 설교는 추측게임이 아니다. 목회를 오래도록 해온 사람은 자신의 교인에게 설교하기도 힘든 경우가 이따금 있음을 알고 있다. 우리가 교인들의 힘든 처지를 쉽게 알지만, 그들 삶의 요소 중에는 우리에게 여전히 숨겨진 것이 있다.

우리가 자주 접하지 못하는 회중에 대해서는 모르는 것이 더 많을 수밖에 없다. 회중에 대한 정보가 거의 없을 때도 있다. 그렇다면 우리가 명심해야 할 사항은 무엇일까?

다른 교회 교인들의 삶에 대해 어느 정도 파악하기 위한 최선의 방법 중 하나는, 설교를 준비하기 전에 그 교회의 목사나 장로에게 간략한 질문서를 보내는 것이다. 내 동료 제프 아더스 박사는 설교 초빙을 받으면 그 교회에 질문서를 보낸다. 그 질문서는 친숙하지 않은 사람들을 위한 메시지를 효과적으로 준비하는 데 도움이 된다고 했다.

54

목사는 설교자고, 설교자는 목사다
_ 스콧 M. 깁슨

　　목사는 설교자고, 설교자는 목사다. 설교자로서 우리는 사람들에게 하나님 말씀을 전할 책임이 있다. 주일마다 복음의 진리, 성경의 진리를 그들에게 전한다.

　때로 우리는 자신을 설교자로만 여긴다. 설교자 역할을 할 뿐이라는 것이다. 내가 목회를 처음 시작한 교회에서 있었던 일이 기억난다. 예배가 끝난 후 문 앞에서 교인들과 인사를 나누었다. 한 교인이 매주일 나와 악수하면서, "안녕하세요, 설교자님!"이라고 말했다. 그의 직업은 카펫 시공자였다. 내 역할이 설교자일 뿐이라고는 생각하지 않았기에, 나는 그에게 "안녕하세요, 카펫 시공자님!"이라고 말하고 싶었다. 내가 매주 설교를 준비하느라 분주했지만, 설교자가 내 유일한 역할은 아니었다. 나는 설교자로만 규정되고 싶지 않았다.

설교 사역은 중요하다. 창세기부터 요한계시록까지 성경 전반에 걸쳐 하나님은 설교를 통해 당신의 말씀을 전하신다. 우리 대부분은 설교자 역할을 매우 귀하게 여긴다. 그러나 그것이 우리의 유일한 역할은 아니지 않는가? 설교자로서 설교단에 서서 설교만 하고 아무 일도 하지 않은 채 모습을 감추는 것이 아니다. 설교자의 사역마저 목회적인 목적을 지닌다.

성경은 우리를 목자라 칭한다. "너희 중에 있는 하나님의 양 무리를 치되"(벧전 5:2). 목사는 목자다. 우리는 목양 사역을 한다. 우리의 양 무리를 보살핀다. 따라서 우리는 설교자일 뿐 아니라 목사이기도 하다. 설교를 통해 목자 사역을 한다. 그러나 설교로만 목양 사역을 하는 건 아니다. 성경공부를 인도하면서도 목양 사역을 한다. 교인의 집을 방문하는 것도 목양 사역이다. 기도로도 목양 사역을 한다. 관계를 통해서도 한다. 우리는 목사이기도 하다.

이 이중 역할(설교자와 목사 역할)은 나란히 진행된다. 우리는 설교만 하는 것이 아니다. 목사로서 교인을 사랑하며 인도한다. 이 사실은 우리의 설교에서, 설교 방식에서, 기도에서 그리고 청중에게 설교하는 태도에서 드러난다. 설교자일 뿐 아니라 목사이기도 하다는 것은 위대한 특권 아닌가?

그렇다. 목사는 설교자고, 설교자는 목사다. 이것은 회중을 사랑하며 인도하는 특권 있는 역할이다. 설교자 역할에만 충실하더라도 여전히 좋은 목사일 수 있다. 당신이 좋은 목사일 때, 청중은 당신의 설교에 더 귀 기울일 것이다. 당신이 청중을 사랑하는 목사가 아니라면, 청중은 당신의 설교를 듣지 않거나 당신 따르기를 힘들어할 것이다. 주님의 일을 하며 우리의 소명을 실천하는 데는 목양과 설교라는 두 역할이 모두 중요하다. 잊지 말라. 목사는 설교자고, 설교자는 목사다!

55

좋은 리더인 장로들에게는 면류관이 기다리고 있다

_ 제프리 D. 아더스

좋은 리더인 장로들에게는 면류관이 기다리고 있다.* 이 격려는 베드로전서 5장 1-4절에 나온다.

> 너희 중 장로들에게 권하노니 … 너희 중에 있는 하나님의 양 무리를 치되 억지로 하지 말고 하나님의 뜻을 따라 자원함으로 하며 더러운 이득을 위하여 하지 말고 기꺼

---

* 베드로전서에서 '장로'는 오늘날의 목사를 가리킨다고도 볼 수 있다. 따라서 장로(elder)는 일차적으로 목사를 가리킨다고 볼 수 있으며, 넓은 의미에서 장로를 포함하는 것으로 볼 수 있다.

이 하며 맡은 자들에게 주장하는 자세를 하지 말고 양 무리의 본이 되라 그리하면 목자장이 나타나실 때에 '시들지 아니하는 영광의 관을 얻으리라'

하나님의 약속을 기억하라. 좋은 리더인 장로들에게는 면류관이 기다리고 있다. 나는 양떼의 목자인 당신을 존경한다. 목사직은 신학교 교수직보다 더 힘들다. 나는 두 가지를 모두 경험해 보았고, 그래서 당신의 일을 매우 존중한다.

그러나 하나님의 약속에 비하면 내 존경은 하찮은 것에 불과하다. 하나님을 대신해 말하고 싶다. "하나님은 당신의 일을 소중히 여기신다. 양 무리를 치되 억지로나 이득을 위해서가 아니라 자원함으로 하고 본을 보이는 당신에게 하나님이 면류관을 주실 것이다." 하나님이 면류관을 약속하신다는 사실이 그분의 마음을 드러내는 것 아닌가?

하나님이 당신의 사역을 귀하게 여기신다. 하나님의 약속을 기억하라. 양들이 괴롭힐 때 그것을 기억하라. 밤늦도록 성경 본문을 해석해도 핵심 내용을 파악할 수 없을 때 그것을 기억하라. 하루 종일 신앙모임을 한 후 저녁에 다시금 세 번째 모임을 할 때 그것을 기억하라. 선한 목자들에게 면류관이 기다리고 있음을 기억하라.

양떼의 목자이자 본보기이자 목사인 당신에게 감사의 마음을 전한다. 나는 당신을 존경하며, 하나님은 당신의 사역을 귀하게 여기신다. 좋은 리더에게 면류관을 주고 인정해 주실 것이다.

"형제들아 내가 너희에게 알게 하노니
내가 전한 복음은 사람의 뜻을 따라 된 것이 아니니라
이는 내가 사람에게서 받은 것도 아니요 배운 것도 아니요
오직 예수 그리스도의 계시로 말미암은 것이라"

_갈 1:11-12

목회자가 꼭 알아야 할
설교 포인트 55

초판 1쇄 발행	2022년 02월 17일
초판 3쇄 발행	2025년 02월 07일
엮은이	스콧 M. 깁슨
지은이	해돈 W. 로빈슨 외
옮긴이	김태곤
펴낸이	곽성종
펴낸곳	(주)아가페출판사
등록	제 21-754호(1995. 4. 12)
주소	(08806) 서울시 관악구 남부순환로 2083-33(남현동)
전화	584-4835(본사) 522-5148(편집부)
팩스	586-3078(본사) 586-3088(편집부)
홈페이지	www.agape25.com
판권	ⓒ (주)아가페출판사 2022
ISBN	978-89-537-9657-7 (03230)
분당직영서점	전화 031-714-7273 | 팩스 031-714-7177
인터넷서점	http://www.agapemall.co.kr
	*인터넷에서 '아가페몰'을 검색하세요.

저작권법에 의하여 한국 내에서 보호받는 저작물이므로
무단전재와 복제를 금합니다.

아가페 출판사